SUPER CONCIENCIA

TÉCNICAS PARA LA TRANSFORMACIÓN
E ILUMINACIÓN

MARÍA COWEN

Copyright © 2002-2014 María Cowen

Todos los derechos reservados.
ISBN: 978-0-9907640-1-4

Todos los derechos reservados. Ninguna parte de ésta publicación puede ser reproducida o transmitida en cualquier forma o por cualquier medio, electrónico o mecánico, incluyendo fotocopia, grabación, o cualquier sistema de almacenamiento y recuperación de información sin el permiso previo por escrito del autor. Se agradece su apoyo a los derechos de autor.

Aunque este libro se basa en hechos reales, muchos nombres, fechas y lugares han sido cambiados para preservar la privacidad de los participantes.

TABLA DE CONTENIDOS

PRÓLOGO 1

El verdadero hombre iluminado vive una vida simple y sin preocupaciones, es **consciente** de una manera que no se entiende normalmente, y es prácticamente invisible. Vive en un mundo casi opuesto al de sus semejantes. Donde otros buscan la compañía y elogios de una multitud, el confía sólo en la verdadera fuente de pensamientos profundos y sentimientos vigorizantes que fluyen de su interior. Mientras que otros se esfuerzan por sobresalir y triunfar, ser *alguien*; él, por si mismo, conoce el poder y la satisfacción de ser *nadie*, de ser invisible.

INTRODUCCIÓN 3

Explica "por qué" este sistema y da sugerencias sobre la naturaleza del hombre "iluminado".

PRIMER CAPÍTULO 11

Aprende sobre el falso yo, la personalidad artificial que se hace pasar por ti y tu ni siquiera lo sabes. Esta entidad te roba la energía, te impulsa sin descanso, y causa todo el dolor y problemas en tu vida. Aprende cómo controlar a este villano y exponerlo a la realidad.

CAPÍTULO DOS 23

Te permitirá familiarizarte con tu aspecto real, el verdadero yo. Su existencia es también un misterio para ti, pero una vez que recuperas su realización en la conciencia, toda tu vida se transforma. Esto no es un concepto tenue, místico... vive y respira y está más cerca que tus propios pensamientos o emociones.

CAPÍTULO TRES 35

El secreto de los tiempos se revela aquí. El testigo es tu alfombra mágica en el viaje a la transformación y la iluminación. Aprenderás cómo activar esta parte de tu propia conciencia; usarás su poder de conciencia para disolver las <u>cosas</u> que te detiene. Con la técnica descrita, ya no sufrirás por tu propia mano.

CAPÍTULO CUATRO 46

La observación de ti mismo y no juzgarse son conceptos clave en el uso práctico del testigo. Aquí aprenderás a ser más consciente de tu falso yo a ver tus estados de ánimo y reacciones, luego desafiarás tus motivos y acciones... este es el primer paso para desprenderse del Ego.

CAPÍTULO CINCO 54

La segunda parte del secreto es revelada. Permitir y no resistir. Aquí aprenderás sobre la fuerza detrás del testigo y cómo ejerce poder en las cosas externas. Estos no son conceptos débiles. Una vez dominados, el mundo cambia ante tus propios ojos... nada volverá a ser igual.

CAPÍTULO SEIS 64

Pensamiento Supremo. Aprende la diferencia entre el pensamiento cotidiano común y el tipo de pensamiento que mantiene tu mente abierta y hace volar tu corazón. Esto deriva de antiguas técnicas que te permiten transformar lo viejo... y entrar en un reino perfeccionado donde la libertad es natural, el crecimiento es fácil, y la alegría es abundante.

CAPÍTULO SIETE 70

El camino dorado. No es el camino a mano izquierda de la Ciencia, ni el camino a mano derecha de la religión, sino en cambio, el camino de en medio o justo medio. Aprende a seguir este camino como una aproximación práctica cotidiana. La vida entonces se convierte en tu salón de clase y tu profesor.

CAPÍTULO OCHO 79

Auto-transformación. Ejercicios y técnicas muy poderosas, nunca antes vistas, diseñadas para uso diario. La transformación real se lleva a cabo en el nivel mental y físico. ¡Estas son personas con iniciativa que aceleran su progreso diez veces! La Súper Consciencia y la función completa del cerebro se convierten en posibilidades reales.

CAPÍTULO NUEVE 93

Continúa la información anterior sobre la auto-transformación mediante el descubrimiento del arma más guardada del Falso Yo para robar tu energía y mantenerte constantemente fuera de balance. Al conocer este secreto, se deshabilita toda la estructura artificial de esta entidad masiva y se desentrañan las vías para acceder a sus múltiples facetas.

CAPÍTULO DIEZ 101

¿Alguna vez has tenido uno de esos días mágicos donde todo parece salirte bien? Oportunidades inesperadas sólo cayeron en su regazo, y la gente-incluso los que extraños te llenan de atenciones poco comunes y elogios. Sabía que algo inusual y raro estaba pasando, pero que no sabía qué.

CONCLUSIÓN 111

El descubrimiento de la propia verdad personal es un proceso continuo y es la búsqueda más importante en la vida de una persona. Guía interior debe ser de confianza como infalible para dirigir uno a lo largo del camino de la verdad. Lo que se siente bien es derecho; lo que se siente mal está mal (para usted). No deje que el concepto social y religiosa de conciencia interfiera -cualquier cosa hecha por la culpa o el miedo es mal.

BIBLIOGRAFÍA 123

PRÓLOGO

El verdadero hombre iluminado vive una vida simple y sin preocupaciones, es **consciente** de una manera que no se entiende normalmente, y es prácticamente invisible. Vive en un mundo casi opuesto al de sus semejantes.

Donde otros buscan la compañía y elogios de una multitud, el confía sólo en la verdadera fuente de pensamientos profundos y sentimientos vigorizantes que fluyen de su interior.

Mientras que otros se esfuerzan por sobresalir y triunfar, ser *alguien*; él, por si mismo, conoce el poder y la satisfacción de ser *nadie*, de ser invisible.

No me malentiendan. Esto no es una filosofía para perdedores, sino de los hombres reales y mujeres reales. Se necesita coraje y disciplina para llevar una vida fuera de sintonía con el mundo en general. Cualquiera que haya intentado hacerlo solo, contra la marea de la sencilla presión social, reconocerá la dificultad que representa. Aquellos que perseveran, sin embargo, ganarán tesoros increíbles.

El hombre común ha sido trágicamente engañado. Ha sido enseñado a abusar de la esencia misma de su ser: la conciencia. El foco de la conciencia siempre se ha dirigido hacia el exterior, en las personas, cosas y eventos fuera de sí mismo. Los tesoros del mundo exterior han sido su única misión, pero la paradoja es, ¡el reino ha estado siempre dentro!

Me cruce por primera vez con las enseñanzas de Vernon Howard hace casi veinte años. Su libro, *Psycho-Pictography*, parecía demasiado práctico y carente de la "mística" que tanto me intrigaba entonces. Sin embargo, tenía una veracidad de la que nunca pude escapar, y sin saberlo, evalué a otros maestros y filosofías en base a su práctico estándar.

Después de años de búsqueda, tratando, y desechando finalmente me dirigí de nuevo al primer libro de Vernon Howard, y otros que él dejó atrás. Su enfoque fue, metódico, casi científico para el desarrollo de la "conciencia". Considero sus enseñanzas como, probablemente, el único y verdadero enfoque occidental para alcanzar la iluminación espiritual y la transformación. Para aquellos que están cansados de promesas vacías de la ruta al exterior y están listos para el camino menos glamoroso, pero no menos gratificante al interior, estas lecciones serán su introducción a un nuevo y más alto mundo - el perdido ***Reino Interior***. Esta tecnología se inspiró en Vernon Howard, pero contiene las huellas de mi propia experiencia y puntos de vista. No me disculpo por esta tangente personal - todas las verdaderas enseñanzas adoptan puntos de vista individuales - Sólo les pido que prueben estos principios tal y como se presentan y se demuestren a sí mismos su rectitud de origen, luego modifíquenlas a su gusto.

INTRODUCCIÓN

Esta es una serie de lecciones que forman un curso de desarrollo único. Hay dos lecciones por "unidad" y cada unidad contiene dos lecciones relacionadas que se complementan entre sí. Aunque estos conceptos se consideran sabiduría antigua, las lecciones están inspiradas en las obras más actuales de Vernon Howard; su sistema fue promovido por el autor de best-seller Guy Finley; y el presente trabajo se actualiza y simplifica por el autor.

Al llegar a un cierto nivel de conciencia el mundo y el universo se convierten en un lugar mágico. Cosas suceden que parecen extraordinarias a los menos conscientes. Gente hermosa camina hacia ti, te miran a los ojos y te produce un escalofrío, te entregan un libro, a veces un sencillo mensaje escrito, y luego desaparecen entre la multitud. No se necesitan palabras, pero a veces las hay. La información que te dan y el impacto de su presencia dejan una fuerte impresión, y una profunda influencia. Esto puede ser en parte telepático.

Todos los materiales que lean aquí, en *La Super Conciencia*, llevan la impronta de esta influencia divina...

"En todo el mundo sólo unas pocas personas están despiertas, y viven en un estado de total y constante asombro!"

Capítulo Uno: El Falso Yo

Imagine un robot mecánico con una computadora electrónica avanzada como cerebro. Al ser mecánico, sus movimientos son artificiales, meros reflejos de los patrones de movimiento del ser humano. Su cerebro, a pesar de ser una maravilla electrónica de sofisticada velocidad y capacidad de almacenamiento, sigue siendo básicamente mecánico y artificial. Este hombre artificial sólo puede imitar las acciones dinámicas, fluidas y espontáneas - tanto físicas como mentales - del ser real que lo creó. Su vida y expresiones son prestadas.

Esta creación artificial es muy importante para la comprensión de lo que eres. Sin darte cuenta has creado una entidad artificial de las cosas que eres, le has dado un nombre, personalidad, y lo has enviado a encontrarse con el mundo como tu representante personal. Sé que esto suena extraño y ridículo... pero sígueme el juego.

Para entender completamente esto tengo primero que familiarizarte con un proceso psicológico que forma parte de ti, tanto, que ni cuenta te das que lo usas. Es algo tan familiar que nunca cuestionas su realidad o función. Este misterioso proceso se llama "identificación."

¿Te has preguntado por qué las películas nos cautivan? Durante horas nos podemos sentar paralizados, desconectados de la vida real, viviendo la aventura, romance, o cadena de eventos de un personaje de ficción en la pantalla. Para quienes gustan de la lectura, una novela sirve el mismo propósito. Pero aquí, un proceso misterioso se lleva a cabo que es exclusivo de los seres humanos -- ningún otro animal o ser vivo, posiblemente, puede relacionarse con esta capacidad de proyectarse fuera de sí mismo y convertirse en algo totalmente diferente de lo que es.

Tenemos la capacidad única de identificarnos con cosas y personas fuera de nosotros. *Identificarse* es relacionarse totalmente con (con empatía) otro; suspender la realidad y abrazar lo simbólico. Casi inconscientes experimentamos la ilusión como realidad. La identificación tiene tantos niveles diferentes de expresión, que ni siquiera notamos el cambio de uno a otro. Por ejemplo, considera la palabra "limón." Es sólo una palabra como cualquier otra, pero ¿qué sucede cuando pensamos en un limón real? La "palabra" queda facultada con olor y sabor y esto excita una serie de reacciones automáticas e involuntarias del cuerpo. Las papilas gustativas en la boca se activan, la saliva comienza a fluir, y ciertos jugos gástricos en el estómago comienzan a moverse. ¿Qué ha sucedido? Simplemente otra faceta de este proceso llamado identificación. Experimentamos una ilusión como realidad.

Aquí es donde comienza el problema. El proceso es tan común, ocurre sin realización consciente, y cambia con tanta frecuencia, nos identificamos más con las ilusiones que con lo que es real.

Considera el poco tiempo que pasas en el presente. La mayor parte del tiempo estás perdido en pensamientos -- ya sea reviviendo el pasado a través de la memoria o anticipando el futuro con la imaginación. Estos períodos inconscientes son otras facetas de la identificación – las películas mentales del pasado o el futuro son aún ilusiones en las que nos proyectamos. Pero nos hemos perdido la realidad que está siempre en el presente, el aquí y ahora. Y también nos hemos perdido la realidad de lo que somos.

En su libro, *The Mystic Path To Cosmic Power*, Vernon Howard dice:

"La identificación significa que mentalmente o emocionalmente nos perdemos en algo dentro o fuera de nosotros mismos. Llegamos a ser absorbidos en una persona, un lugar, nuestra carrera, un pasatiempo, nuestros puntos de vista personales ... Cuando nos identificamos con nuestros pensamientos, lo llamamos soñar despierto ... la identificación también significa tomar algo erróneamente como parte de nuestro ser esencial. Por ejemplo, su nombre. Eso es sólo una etiqueta adherida al nacer. Si cambia de nombre, eso no lo haría diferente. Otro ejemplo, el cuerpo. Eso no es más que un vehículo para vivir en la tierra. Su verdadero yo no consiste en nombre, cuerpo, dinero, casa, carrera, o sus creencias personales. Eres algo completamente diferente a esos datos adjuntos."

¿Viene la luz? ¿Puedes ver cómo la ilusión ha sustituido a la realidad? ¿Te imaginas que el "tú" con el que siempre te has identificado, puede no ser el verdadero tú, después de todo?

❖ **El falso yo es un pretendiente** con muchas caras, y su

principal tarea es mantenerte ocupado con falsas actividades que extienden su ilusoria vida. Es una criatura que anhela la sensación (todos y cada uno) y su única vida es la que tu le des.

- **El falso yo es de naturaleza mecánica, artificial.** Almacena y recupera los recuerdos como una computadora. Sus reacciones son mecánicas, después de haber aprendido de experiencias pasadas. Responde a todas las circunstancias según la costumbre.
- **Es la fuente de toda duda y ansiedad**, de todos los pensamientos negativos, de todas las emociones negativas, de todo dolor. Las voces negativas que oyes susurrándote siempre vienen del falso yo.
- **El falso yo es maestro de la pretensión y la mentira.** No sólo le miente a los demás, sino también a sí mismo. Un maestro del disfraz, que pretende ser cualquier cosa a cualquier persona. Sus muchas voces continuamente cambiando, disfrazándose en innumerables papeles.
- **Siempre está enfocado en el exterior hacia el mundo de las posesiones**, las cosas y actividades que mejoran sólo sus propios intereses y la imagen halagadora. Busca la constante aprobación de los demás para validar su fachada lentamente erosionada.
- **Sólo se centra en el pasado o el futuro.** Es por eso que mantiene su mente yendo de los placeres y las imágenes auto-favorecedoras del pasado a los sueños esperanzadores de logro en el futuro. También te atormenta con los fracasos del pasado, y las ansiedades del futuro.

¿Te suena conocida esta criatura? Debería, porque lo

conoces íntimamente. Se ha robado tu vida real y te ha dejado nada más que desesperación e incertidumbre a cambio. Su nombre oculto es [Ego].

Las siguientes historias e ilustraciones te dará una idea del falso yo y sus actividades. Reconocerás el verdadero ser emergente, mientras trata de volver a despertar de la confusión de sus ilusiones.

Una nota aparte. Vernon Howard dijo que las historias e ilustraciones se utilizan como herramientas para atraer a la mente a que acepte las enseñanzas de la *verdad*. De lo contrario, el falso yo podría hacernos olvidar. El llamó a estas historias "Psycho-Pictogramas" porque tenían una forma de presentarse a sí mismas en el subconsciente, que actúa bajo la superficie y que nos recuerda las formas adecuadas para responder a la realidad. Los filósofos y los adeptos de épocas pasadas han utilizado las imágenes de poder, plantadas por medio de historias, para mejorar la memoria de sus hijos y servir como directrices subconscientes. Yo hago lo mismo aquí, sin embargo usando un término actualizado: Pictograma Subliminal.

***

EL EMBAUCADOR

Había una vez un cuervo viejo e inteligente que vivía solo en un gran bosque. A causa de sus caminos tortuosos y engaños, había sido desterrado hacía mucho tiempo de la comunidad de los cuervos. Los otros animales del bosque lo conocían bien y la mayor parte mantenía su distancia cuando él estaba cerca. Había engañado a muchas criaturas inocentes en el pasado con historias de sus poderes mágicos y promesas de buena fortuna a los que llevaran a cabo sus deseos. Pero una y otra vez sus promesas había fallado y la única buena fortuna que llegó, llegó sólo al cuervo, después de tomar ventaja de la buena voluntad y el esfuerzo de otros.

Un día se encontró con un aguilucho bebé que se había caído de su nido, abandonado. Siempre listo para aprovechar una oportunidad, el viejo cuervo vio ventaja en tomar al huérfano y criarlo como suyo.

El águila bebé pronto olvidó a su majestuoso padre, y a través de un proceso de identificación propio de las aves, imprimo en sí, la identidad del cuervo. Pensando que el cuervo era su padre, imitaba al cuervo en todos los sentidos. El aguilucho trataba y trataba de darle gusto al cuervo pero siempre fallaba, como el astuto mañoso conocía bien la psicología del engaño; él tenía sus propios planes para el confiado aguilucho.

Conforme pasó el tiempo el aguilucho creció más grande y más fuerte que su padre adoptivo. Pero por ahora el cuervo lo había encadenado con pesadas cadenas mentales – cadenas que mantuvieron su fuerza controlada mientras que contenían una curiosidad natural por los espacios abiertos. Advertencias de que nunca debía aventurarse más allá de cierto límite estaban estrictamente reforzadas; de desobedecerlas sería maldecido. Su crítica del aguilucho era incesante...era demasiado grande, demasiado feo y demasiado torpe. El cuervo también sabía que un águila necesita carne para crecer a su potencial, así que lo mantuvo en una dieta estricta de grano. Los granos de maíz eran abundante en el campo de un granjero adyacente, por lo que la pequeña águila se puso demasiado gordo para volar muy alto o muy lejos... pero aún era muy fuerte.

Ahora el cuervo tenía un siervo fiel que hiciera su trabajo, y su voluntad. Las otras criaturas en el bosque habían visto con alarma como el águila crecía, sin saber qué mala intención podría tener el cuervo. Pero pronto se sabría...

El viejo cuervo era una criatura que buscaba poder y posesiones, pero entendía que otras criaturas eran necesarias para satisfacer sus necesidades. Nadie puede ser una isla, y nadie puede ser rey por sí solo. O al menos eso creía. Su plan entonces, era regir los bosques y conservar para sí mismo los tesoros de los demás.

Astutamente persuadió al huérfano águila para extender su territorio, intimidando a los otros... para abandonar sus hogares, nidos y madrigueras, dejar atrás sus tesoros y mercancías almacenadas... a menos que, por supuesto, estuvieran de acuerdo en trabajar para el cuervo y construir su reino.

El águila tenía una naturaleza amable y sabía, dentro de sí, que lo que estaba haciendo estaba mal. Simplemente ¡no se sentía bien! Pero el cuervo lo obligaba, la única autoridad que había conocido... y sentía curiosidad (si no satisfecho) de ver el poder que tenía sobre otros. Su mera presencia parecía ser suficiente para hacer que otros se acobardaran y actuaran a su favor. Así que con renuencia usó sus poderes de persuasión, y cuando fue necesario, la fuerza para desalojar a otros y ampliar el territorio del cuervo.

El territorio creció y el reino dio sus ganancias. Pero la realidad tiene una forma de resistir la *falsedad* y restaurar la *verdad*. La pequeña águila se desanimó. A pesar de su posición y poder, se sentía solo y fuera de lugar. De alguna manera se había separado de la naturaleza, de la totalidad de la que se había sentido parte cuando era joven. Se había convertido en un brabucón y mentiroso... pero su mentor, el cuervo, finalmente le alababa. Él estaba haciendo lo correcto y lo que los hace ricos. Pero si estaba en lo correcto, ¿por qué se sentía tan mal?

*EL DESPERTAR DE LA CONCIENCIA HABÍA **LLEGADO**...*

La pequeña voz de la razón le hacia la misma pregunta una y otra vez, todos y cada uno de los días. Cada vez que se violaba esta (aparente ley) la voz interior le hacía consciente y le hacía sentir la falta de armonía de su acto.

LA CONCIENCIA POR SÍ MISMA TIENE EL PODER DE CAMBIAR, DE TRANSFORMAR...

Cada crimen fue rápidamente seguido por una reacción de la conciencia. Diez veces, veinte veces, y más... hasta que ya no podía tolerar el conflicto interno. Finalmente la pequeña águila tomó una decisión trascendental: dejaría el reino, escaparía de la tiranía de su mentor, y dejaría atrás las comodidades del único hogar que había conocido.

EL RETO DE LA CONCIENCIA ES DEJAR ATRÁS LA FALSEDAD...

(La historia continuará...)

***

PICTOGRAMAS SUBLIMINALES

EL GRAN ILUSIONISTA

Harry Houdini fue considerado como el mago más grande que jamás haya vivido. Sus ilusiones no sólo sorprendieron y asombraron a su adorado público, sino que también suscitaron los más intensos sentimientos de identificación que los hombres comunes pudieran imaginar. Cada vez que él luchó con cadenas y desafió a la muerte por fuego, agua o tierra, los que veían experimentaron agonía. Después de largos momentos de espera tortuosa...vino el alivio del glorioso escape. Simbólicamente sus hazañas de fuga levantaron a los hombres a alturas poco comunes de libertad, y esto a un alivio final.

Pero Houdini por admisión propia nunca estaba satisfecho. El "escape" real que siempre buscó estaba fuera de su alcance. El hambre de convertirse cada vez en más grande y mejor lo llevó a constantemente re-inventarse a sí mismo, y sus actos de desafío de la muerte, una y otra vez. A pesar de su fama, el dinero, la mística y la adoración pública, Houdini nunca encontró la "paz definitiva que satisface a todas las hambres."

Houdini no murió en un tortuoso escape del agua, como se creía, sino de la ruptura del apéndice. Un día con orgullo desafió a un joven a darle " su mejor golpe" en el estómago. Houdini se creía un hombre de acero... sus retos eran sólo un vano intento de reforzar la auto-imagen fugaz. Pero, por desgracia había encontrado a su igual, y el punto donde el orgullo de un hombre debe cumplir con la prueba de la realidad resultó ser fatal.

Houdini, el hombre de acero, permaneció durante una semana en su lecho de muerte. Durante sus períodos de lucidez, donde sólo los medicamentos aliviaban su agonía, se hizo amigo de su médico. Pronto le confió, "Sabe Doctor, antes de que todo esto comenzará una vez consideré ser médico Qué vida tan plena hubiera sido -. Aliviar el dolor y el sufrimiento, curar enfermedades y hacer que la gente se sienta bien de nuevo..."

"Pero señor Houdini," el doctor respondió, "con todo su éxito, fama y adoración del público, ¿cómo es posible imaginar una vida diferente?"

"Porque lo que haces es *real*." Él suspiró y miró a los ojos del médico. "¿Toda mi vida ha sido una *farsa*!"

***

UNA FALSA BENDICIÓN

El pájaro cuco es un estafador, conocido como el parásito del reino de las aves. Cada primavera, cuando otros pájaros han hecho sus nidos y puesto sus huevos, el cuco espera una oportunidad para depositar sus huevos en el nido de otra especie. Cuando los padres están lejos en busca de alimentos, el cuco secretamente deja su propio huevo en el nido y vuela lejos sin el mejor cuidado o arrepentimiento. Los padres incautos vuelven y nunca se dan cuenta del nuevo huevo, y nunca cuestionan su autenticidad. Mientras cuidan y mantienen caliente el huevo, nada parece raro... hasta que nacen los polluelos. Luego curiosamente uno de los recién nacidos es grande, y extraordinariamente fuerte. Sus necesidades y apetito son muy superiores a la de los demás y sus súplicas constantes por alimento mantiene a los padres ocupado. Ellos se apresuran todos los días hipnotizados por los gritos de su falsa descendencia. El cuco crece muy rápido en tamaño y fuerza y pronto se deshace de sus hermanos más débiles. Ellos simplemente son empujados fuera del nido y dejados como presa. Los padres por su parte gastan todas sus energías y atención en la grande, fuerte, y quejumbrosa falsa cría. Se hace más grande que sus padres adoptivos y pronto ya no pueden suministrarle el alimento necesario. El cuco sale entonces de mala gana del nido.

Capítulo Dos: El Verdadero Yo

El verdadero yo es indescriptible. Las palabras y los conceptos y metáforas sólo pueden aludir a su realidad y posibilidades. Es como el ojo que mira hacia fuera, el mundo, pero nunca se ve. El verdadero yo puede ver y actuar *en* el mundo, pero no puede comprenderse plenamente a sí mismo, solamente saber lo que *es*. Y no hay que confundir esto con la "aireado" y ambiguas descripciones del alma y el yo superior. Eres *tú*, aquí y ahora. No es un futuro ser perfecto, apenas conectado contigo como sabes que eres tú. Puede *tener* alma y puede *ser* el ser superior, pero sea lo que sea, es tu misma vida y ser.

Tal vez la mejor definición del yo real sería, simplemente: la **voluntad consciente**. Es un punto de conciencia y voluntad en un mar de conciencia. Esta definición, al menos, describe su función más elevada, como mostraremos más adelante.

Imagine un majestuoso faro en un punto de la tierra con vista al mar. El faro en sí es físico (como el cuerpo físico), pero en la parte superior reside una propiedad mágica diferente a cualquier cosa física: una luz brillante! La luz en sí tiene propiedades muy inusuales. Su velocidad es la cosa más rápida conocida por la ciencia; sus partículas pueden actuar como unidades individuales, o mezclarse en grandes olas o patrones (gestalt). La luz de un faro puede señalar en cualquier dirección...su haz enfocado a la reducida intensidad de un láser, o difundido a un amplio espectro. La conciencia puede ser comparada con la luz.

Aunque el faro puede ser consumido por la niebla, lluvia, nieve, tormentas y fuertes vientos, la luz viaja sin restricción - no obstaculizada por las fuerzas de la naturaleza o los estragos del tiempo. El verdadero yo tampoco es afectado por las tormentas que pasan en nuestras vidas. Su naturaleza es algo muy aparte de las cosas que experimentamos, o las nociones que entretenemos.

Esta es sólo una pequeña pieza del rompecabezas de nuestra verdadera naturaleza. Para volver a hacer hincapié, las palabras, conceptos y metáforas solo hacen alusión a la realidad de esta parte desconocida de nosotros mismos.

Sin embargo, un método probado y verdadero dictado por filósofos y científicos de la antigüedad puede servir mejor a nuestra búsqueda de este ser difícil de alcanzar. Dice lo siguiente: "Para deducir la naturaleza de algo no conocido, eliminamos todo lo que *no* lo es." ¿Recuerdas el cuestionario de opciones múltiples de la escuela secundaria? Es posible que no hayas conocido la respuesta correcta a una pregunta, pero eliminando todas las opciones que sabías estaban equivocadas, lógicamente puedes suponer que la que queda es la correcta. Luego estaban las de Verdadero o Falso. Si sabias que una era falsa...la otra entonces sería verdadera.

Dado que el yo falso es falso, comencemos allí. Al conocer lo falso, podemos asumir que su opuesto es probablemente cierto, o al menos una aproximación más cercana.

- ❖ Si el falso yo es un pretendiente con muchas caras, el verdadero yo debe ser el verdadero reflejo de ti. Es su aspecto más básico e indivisible - su esencia o ser individual.
- ❖ Si el falso yo es de naturaleza mecánica artificial, entonces el verdadero yo debe ser espontáneo, natural y puro. Sin la complejidad de las diversas partes, es esencialmente simple y sin complicaciones.
- ❖ Si el falso yo es la fuente de la ansiedad, la duda y el dolor, del pensamiento y de la emoción negativa, entonces el verdadero yo debe ser una fuente de calma y alegría, de energía positiva, una voz silenciosa de estímulo.
- ❖ Si el falso yo es maestro de la simulación y la mentira, entonces el verdadero yo es nuestra conexión con la Verdad, la Realidad, Dios.
- ❖ Si el falso yo centra la atención y la energía hacia afuera... si necesita la aprobación constante de los demás, entonces el verdadero yo es independiente y su realidad es autónoma (pero conectado con Todo Lo Que Es).
- ❖ Si el falso yo sólo se centra en el pasado o el futuro, el verdadero yo -reside en el Ahora.

Estas deducciones dan al menos una pista de la información que estamos buscando. Un desenlace por un método conocido como "deducción de desprendimiento" nos llevará aún más cerca de una toma de conciencia experimental de nuestro verdadero yo.

Comencemos con el objeto más íntimo con el que nos identificamos: el cuerpo físico. La mayoría de la gente piensa que el cuerpo es todo el ser, que contiene toda la persona: su personalidad y el coeficiente intelectual, todas las creencias, deseos, hábitos y habilidades. Ellos piensan que sin el cuerpo no hay ningún *ser*. Por supuesto los que son religiosos *creen* que hay algo más, pero la creencia no es la experiencia por lo que realmente no lo *saben*. Pero el cuerpo es, en realidad, sólo un vehículo para la expresión de **uno mismo**. Al igual que el automóvil - algo con lo que también nos identificamos - es sólo una herramienta con un fin útil.

Ya que estamos usando la lógica para dar a conocer información útil, permítanme comenzar con un útil axioma: "Cualquier cosa que atribuimos a nosotros mismos, mediante la *identificación*, es independiente de nuestro verdadero yo... o bien es una herramienta útil, o una ilusión adjunta."

Mira tu mano. Se mueve a tus órdenes. ¿Puedes ver y sentir que es una expresión mecánica (aunque maravillosamente) de tu voluntad consciente? Elije cualquier otra parte del cuerpo. ¿No funciona del mismo modo? Todo tu cuerpo funciona como una herramienta útil, bajo la guía de un aspecto superior: la voluntad consciente.

Podemos deducir, por tanto, que lo que el ser puede o no puede ser, no es el cuerpo. El cuerpo es una herramienta, un vehículo - no el operador.

Otro axioma útil es: "Cualquier cosa que *cambia* puede ser considerada una propiedad *dimensional* y por lo tanto no es el verdadero yo." En aras de la simplicidad llamaremos a todas las cosas sujetas a las leyes del cambio "dimensionales", y por el contrario todas las cosas que no están sujetas a los cambios "no dimensionales." El cuerpo en la ilustración anterior cambia todos los días y también por etapas: de la infancia, a la niñez, a la adolescencia, a la edad adulta, a la vejez. Por lo tanto, es dimensional.

❖ El verdadero yo reside fuera de las dimensiones y se puede considerar la esencia no-dimensional; tiene las características estables (inmutables) de la coherencia y la constancia.

El siguiente (más alto) aspecto con el que nos identificamos son los sentimientos, la naturaleza emocional. Cuando dices: "Estoy feliz" o "Estoy triste", te identificas con los sentimientos de felicidad o tristeza. Estos (o cualquier otro) sentimientos no son tuyos. Simplemente son *formas útiles* de expresión, o herramientas de expresión, si quieres.

¿Puedes dar un paso atrás, como un observador o testigo, y simplemente contemplar tu emoción a medida que sube... luego cae? Como observador imparcial puedes ver que te has *identificado* con alguna-cosa no contigo, y también puedes ver que los sentimientos y las emociones *cambian*. Éstos excluyen las emociones que son el verdadero yo.

Podemos deducir, por lo tanto, que lo que el ser puede ser o no ser, no son las emociones. Las emociones son formas útiles de expresión - no el ser que expresa la emoción.

El siguiente (más alto) aspecto con el que nos identificamos es la mente, la naturaleza mental. Esto incluye nuestros IQ individuales y aptitudes mentales, nuestros pensamientos y creencias, incluso conceptos acerca de nosotros mismos que conforman nuestra personalidad. Cuando pareces estar *perdido en tus pensamientos*, ¿Puedes ver que te identificas con esos pensamientos, que parecen ser tú? ¿Puedes ver que las creencias que sostienes son conceptos meramente mentales, dentro de las cosas que has identificado erróneamente-como tú? Estas construcciones mentales (o cualquier otra) <u>no</u> son tú. Son simplemente *formas útiles* de expresión mental, que dan los medios para separar las cosas en cualidades comprensibles. Es la naturaleza del pensamiento separar y clasificar, pero el pensamiento <u>no</u> es el verdadero yo.

¿Puedes dar un paso atrás, como un observador o testigo, y simplemente contemplar tus pensamientos como vienen y van? Como observador imparcial, puedes ver que te has *identificado* con algo que <u>no</u> eres tú, y también puedes ver que los pensamientos y las creencias *cambian*. Estos excluyen a la mente de ser el verdadero yo.

Podemos deducir, por tanto, que lo que el ser puede o no puede ser, <u>no</u> es pensamiento, mente, o cualquiera de sus construcciones. El pensamiento es una forma útil, una herramienta para construir y dar sentido al mundo - pero no es el ser que lo expresa.

Y ahora cruzamos una gran división, en una dimensión mucho más cerca al verdadero yo, pero todavía no hemos llegado. La mayor parte de lo que nos hemos "separado" parecería lo suficientemente lejos para la mayoría de la gente... pero si queremos persistir en nuestra búsqueda aún hay más que descubrir. Aquí está el reino de la *conciencia-voluntad*.

La *voluntad* es un aspecto de nuestro verdadero ser, sin ella no habría empuje exterior o movimiento hacia adelante. Todo sería tan tranquilo como un mar sin vida, movimiento o dirección. La voluntad es la esencia de nuestro ser y de infinita importancia para nuestra vida y el ser. Es, así, una herramienta de *gran utilidad* y sujeta a la ley del *cambio*. No es nuestro verdadero yo.

¿Puedes dar un paso atrás, como un observador o testigo, y simplemente contemplar la voluntad mientras funciona en un mayor o menor grado? Como observador imparcial, puedes ver que te has *identificado* con algo que no eres tú, y también puedes ver que la voluntad *cambia*. Esto excluye a la voluntad de ser el verdadero yo.

La **conciencia** es un aspecto de nuestro verdadero yo, sin ella no habría realización. Todo iría tranquilo como un mar, sin siquiera darse cuenta de que existe. La conciencia es la esencia misma de nuestro ser, y necesaria para la realización de que somos un **ser**. Está, aún así, sujeta a cambios. La conciencia puede ser enfocada como un láser o puede ser radiada como la luz del sol.

¿Puedes dar un paso atrás, como un observador o testigo, y simplemente contemplar la conciencia, que funciona a través de un espectro: desde enfocada a que irradia? Como observador imparcial, puede ver que *cambia*.

Podemos deducir, por tanto, que lo que el ser puede o no puede ser, no es la **voluntad** o la **conciencia**. Estos son la esencia misma del ser, pero todavía son sólo aspectos de *lo* que es.

Cruzar la siguiente división e ir más allá de las dimensiones conocidas, es entrar en el reino del verdadero yo. Es el verdadero "desconocido", una región de la pureza y la constancia que difícilmente se puede describir o imaginar. Como la fuente de todas las dimensiones *que se manifiestan*, por sí misma *no se manifiesta* y es *no-dimensional*. Los físicos llaman a este reino El Campo Cuántico. Es atemporal y sin forma, impregna todo el espacio y el tiempo, es la fuente de todo poder y energía en cualquiera de sus formas, es la *base material* que une todas las cosas como una cosa. Es a la vez inteligente y enriquecedora; es constante e inmutable.

Al traer todo de vuelta a un nivel más personal, ¿cómo podemos relacionarnos con este misterioso, infinito, y poderoso aspecto, de lo que somos? Lo mejor que podemos hacer (en palabras por lo menos) es describirlo como la ***auto-conciencia*** última, el **testigo** último de todo lo que sentimos y experimentamos. El Quantum es, la conciencia pura en vivo, y nuestro propio pedazo definición de esta sustancia infinita es nuestra propia autoconciencia. Somos una mera burbuja en un mar de conciencia. No hay nada más que decir, excepto tal vez, es el "*Yo Soy*."

Aunque nos hemos *desprendido* de estas útiles funciones y aspectos de nosotros mismos, esto de ninguna manera disminuye su importancia en nuestras vidas. Son tan parte de nosotros como nuestra "humanidad" y no se puede negar su expresión útil. Nuestro propósito en este ejercicio era llegar a una comprensión de nuestro verdadero yo, aparte de aquello que cambia y se considera parte del universo "dimensional".

Ahora te puedes preguntar, "¿Por qué estas herramientas o expresiones de nosotros mismos ... el cuerpo, la mente, las emociones ... a veces se salen de control y parecen actuar como si tuvieran voluntad propia, por ejemplo: enfermedad física, enfermedad mental, pensamientos y emociones. Dicho de otro modo, ¿por qué estas herramientas y funciones útiles se vuelven contra nosotros? "

La respuesta es simple, y algo de lo que debes estar consciente cada vez que sucede. Es el falso yo. Has delegado el control al aspecto falso de tí mismo, lo que le permite utilizar estas herramientas para sus propios fines. Si puedes hacerte a ti mismo "consciente" cada vez que sucede, puedes romper poco a poco el "hechizo" del falso yo y luchar de nuevo para recuperar el poder que inconscientemente has regalado. El falso yo, después de todo es sólo una herramienta en sí, pero por nuestra propia pereza mental, se ha convertido en nuestro amo ... en lugar de nuestro servidor.

***

(La historia continúa ...)

El aguilucho estaba decidido a dejar atrás el pasado y buscar una vida más significativa... lo que fuera, o donde quiera que eso fuera. Al principio, pensó en hacer frente al cuervo y luego simplemente salir, pero conocía el poder de la persuasión del cuervo. Así que en su lugar, huyo una noche iluminada por las estrellas, mientras que el embaucador dormía.

Al principio se sintió aturdido y confuso. Las palabras del tramposo, como viejas cintas, se reproducían implacablemente en su cabeza. Sus temores salieron a la superficie. Llegó al límite de su mundo anterior, pero otra voz, más suave y más profunda en su interior, le impulso a pesar del miedo y la confusión. Al presionar a través del aro invisible, sucedió algo notable...

El miedo y el temblor se desvanecieron. Un gran peso dentro parecía desintegrarse. Sintió una ligereza y libertad que nunca había conocido. Ahora podía comenzar la búsqueda sin mirar atrás.

HACER FRENTE AL MIEDO CON CONCIENCIA, LO DISUELVE PARA SIEMPRE…

Durante varios días vagó, en busca de alguna pista que pudiera descubrirle el secreto de su pasado y la clave para su búsqueda. El bosque estaba lleno de imágenes y sonidos que nunca había visto antes, pero se quedó alerta y mantuvo la calma.

Entonces oyó algo. En algún lugar en la distancia dos pájaros charlaban uno con el otro. El sonido era extraño, pero era, sin lugar a dudas, el sonido de un pájaro. Él lo siguió hasta un pequeño claro y allí encontró dos criaturas de plumaje color obscuro con las plumas de la cola en forma de abanico. Estas aves eran como ninguna otra de las que había visto antes.

Se acercó lentamente, con cuidado de no asustarlas y les preguntó si podrían charlar un rato. Estuvieron de acuerdo en una manera amistosa, y comenzaron a explicarse. Pronto hicieron amistad.

El aguilucho fue invitado a cenar. Esto le daría la oportunidad de aprender más sobre ellas y sus costumbres. Las otras que conoció también fueron muy amables, charlando abiertamente sobre sí mismas y sus creencias. Todo el mundo parecía encariñado con el águila y una cosa llevó a la otra. Pronto le pidieron quedarse. En secreto se preguntaba si estaba en casa, si se trataba de sus parientes, así que estuvo de acuerdo.

Los pavos, como él los llamaba, admiraban su fuerza. Todos los trabajos tediosos y pesados se le asignaban a él. Aunque eran corteses, se daba cuenta de que lo consideraban sólo un trabajador de bajo nivel. Ellos se volvieron perezosos, y él se volvió resentido. Al igual que antes, nunca parecía encajar bien con los demás. Siempre era el raro, todavía se sentía solo y poco apreciado por su interior. Además, la charla constante de esos pavos le daba dolor de cabeza. Así como lo había hecho antes, se escabulló de noche. Sin adiós, y sin arrepentimiento.

LA CONCIENCIA DE LO FALSO ABRE CAMINO A LA VERDAD...

Largos días pasaron mientras se aventuraba más y más en el bosque. La harina de grano a la que estaba acostumbrado se volvió inexistente y pronto se vio obligado a buscar otro alimento. Las pocas bayas, nueces y bellotas que se las arregló para encontrar eran apenas satisfactoria...algo dentro insistió en un cambio, para encontrar nuevos alimentos.

Oyó el crujido de las hojas y batir de alas. Investigando, encontró otra ave extraña devorando los restos de un conejo. Este pájaro era grande y negro, su pico se veía muy afilado y letal, ideal para desgarrar la carne. El pájaro parecía asustado y a la defensiva cuando el aguilucho salió de entre los arbustos. "No te preocupes," el águila aseguró: "Yo no soy ninguna amenaza, y desde luego no tengo ningún deseo por tu comida."

La nueva criatura cambió la postura, enderezando sus piernas y espalda. Ahora era más alto que el águila, inspeccionó a su adversario con una mirada penetrante.

"¿Por qué debo creerte?" Desafió al recién llegado, "Esta criatura tiene la carne más dulce que ninguna."

"¡Yo no como carne!" proclamó el águila, "Qué comida tan extraña." Él se sorprendió ante la idea.

El pájaro se relajó y volvió a nivel de los ojos del águila. "Bueno, entonces, tal vez deberías intentarlo alguna vez. Pareces un poco raro para ser uno de tu clase."

"¿Hay otros como yo?" le pregunto, emocionado ante la posibilidad. "He estado buscando mi casa, a mi familia. ¿Podrías decirme dónde viven?"

"Oh, yo casi nunca los veo. Vuelan alto y más lejos que el resto de nosotros. Sospecho que viven en las tierras altas, en el horizonte."

"Pero no puedo volar muy lejos," dijo el águila. "Sólo cincuenta metros a la vez, a lo mucho, como los pavos machos en el bosque de pinos."

"Oh, ya veo," dijo el buitre con simpatía. "Tal vez es tu dieta. Sé que las **águilas** comen carne. Tal vez si la probaras, sería capaz de volar como ellos."

"**Águilas**...¿así es como los llaman? ¿Eso es lo que soy?"

El águila y el buitre se hicieron amigos. Pronto el pequeño águila fue capaz de comer carne...llenó rápidamente y sus alas desarrollaron toda su fuerza. Y con un poco de ayuda del buitre, también aprendió a volar alto y lejos como las águilas reales lo hacen.

Volar era ser libre. El potencial siempre había estado allí, en espera de las condiciones adecuadas para ser liberado. Y mientras miraba hacia abajo desde miles de metros en el cielo, sus ojos eran nuevos, vio un reino como jamás lo hubiera soñado. Los árboles, los ríos, las criaturas allá abajo, todos existían para su disfrute. Una vida más elevada, que no podía imaginar. Esto era lo que él estaba destinado a encontrar. Estaba contento. Con el tiempo, se encontró con otros como él... y nuevas aventuras para compartir con aquellos, que como él, tenían ojos para ver.

Capítulo Tres: El Testigo

Ahora debes tener por lo menos un "sentido" de lo que eres, y lo que no eres. Esto no quiere decir que el falso yo sea inexistente. Sigue siendo válido porque tú lo creaste. Pero lo que tú creaste, también puede ser destruido. Esto requiere, sin embargo, un acto casi mágico; es un secreto que sólo los adeptos han conocido y utilizado.

Hay algo que debes entender primero. La evolución y la iluminación de la mente humana requiere dejar ir lo viejo, no agregar algo nuevo. Normalmente se nos enseña a ir detrás de y perseguir activamente lo que deseamos. Para buscar y adquirir más. La superación personal, también implica agregar algo a lo que nos hace falta. Este modo de pensar nos ha llevado por un camino que nunca conducirá a la alegría verdadera y duradera. Apenas logramos lo que habíamos solicitado, cuando otro querer o deseo se manifiesta y nos lleva a otro deseo. Parece que nunca podemos disfrutar la satisfacción de lo que hemos logrado. La vida sigue girando...gira una y otra vez, constantemente en busca de ese algo difícil de alcanzar, pero que raramente disfrutamos.

Así es como el tema de nuestra página web, Súper Conciencia, sirve como un recordatorio de lo que debemos hacer. Los verdaderos tesoros de la vida se revelan <u>sólo</u> mientras nos vaciamos de las chucherías inútiles que hemos adquirido. ¿Qué son estos adornos? Pueden ser cualquier cosa (física, emocional o mental) que nos agobian y nos detienen. Por ejemplo: el coche caro que halaga el ego pero desperdicia la cartera; esa relación que parecía tan buena, pero ahora nos está drenando; la opinión o creencia que parecía correcta y nos dio estabilidad, ahora tiene tantos agujeros que estamos constantemente parchándola o tratando de defenderla.

Nos negamos a desprendernos de estas cargas, ya que:
1. parecen tan familiares
2. hemos trabajado duro para conseguirlas, y
3. sin ellas habría un vacío.

Todas estas razones, les aseguro, son sólo racionalizaciones del falso yo. Lo que tenemos que hacer es "separarnos" de estos falsos tesoros, aceptando con la conciencia el vacío incómodo, después permitiendo que la verdad (para ti) llene el vacío y tome su lugar.

Pero para demostrarte la validez de lo anterior, sólo reflexiona sobre lo bien que se siente finalmente decidir, después quitar, lo que ha sido un peso para ti. ¿Qué tan bien se siente sacar "cosas" del garaje o ático? ¿Qué tan bien se siente terminar una mala relación y seguir adelante? ¿Qué tan bien se siente cuando tomas una actitud como, "tengo que hacer lo que otros quieren, independientemente de lo que quiero, para tener su aprobación."

***

EL GLOBO AEROSTÁTICO

Imagine un globo aerostático de colores brillantes sentado en la arena del desierto, solo y sin vigilancia. Has estado perdido en el desierto durante días; tienes sed y hambre y al borde del colapso. Ves esta esfera de color brillante desde la distancia y te preguntas si es sólo un espejismo. A medida que te acercas tú mente encuentra cien excusas de por qué no debería estar allí. Pero continúas. Finalmente llegas, tus sentidos se llenan de su realidad innegable y sientes la emoción de un posible rescate... Pero nadie está adentro. No tienes idea de cómo volar un globo. Una vez más tu mente se vuelve negativa y te advierte de los peligros de tal aeronave. Pero no haces caso de tus advertencias y subes a bordo. Después de minutos de explorarlo, una idea se te ocurra. Sólo tienes que tirar los sacos de arena inútiles. A medida que desatas las bolsas pesadas que caen a la tierra, el globo despega. El calor terrible desaparece a medida que asciende, dejando atrás el desierto y los peligros de su realidad. El rescate está asegurado.

La iluminación espiritual es más una cuestión de descartar que de obtener...

Ahora a revelar un proceso secreto que se ha utilizado durante siglos para lograr la verdadera iluminación. Es sólo uno de un puñado de verdaderos secretos que necesitarás siempre. Por lo tanto guárdalo para ti... mantenlo siempre en mente... y mantenlo creciendo con la práctica continua.

Como has aprendido, uno de los aspectos más puros de nuestra verdadera naturaleza es la conciencia. Has oído el término muchas veces, pero ¿sabes realmente lo qué significa? Simplemente--¡es la vida misma! Sin la conciencia y la sensación sólo serías un trozo de arcilla, viviendo tal vez, pero no vivo. La conciencia puede ser enfocada, como los rayos del sol a través de una lupa... llamamos a esto estado de alerta o atención. También puede ser difusa y desenfocada, como una vela que irradia su luz por todas partes... llamamos a esto conciencia pasiva, o simplemente ser consciente. Pero, ¿quién decide el grado de conciencia ejercida sobre cualquier situación? Tú lo haces. ¿Y cómo se hace eso? Mediante el ejercicio de tu voluntad. De nuevo vemos a la estrecha relación entre la conciencia y la voluntad. Estos son los ingredientes básicos, la esencia, de ti.

La conciencia es pasiva; la voluntad es activa. Como todas las cosas (que son realmente una cosa) hay un lado positivo y un lado negativo. Negativo no significa malo, es sólo el polo opuesto de lo positivo, como una batería con polos positivo y negativo.

Si has seguido la lectura hasta este momento, entiendes lo que he tratado de relacionar con meras palabras, ahora tienes la base para entender el secreto...

Detrás de todas las cosas que experimentas en la vida está el Testigo Invisible. Es una proyección del verdadero yo, siempre presente, siendo testigo de todo lo que sucede - y siendo testigo de tus reacciones a todo lo que sucede. Eres realmente tu, pero la parte de ti que siempre has ignorado porque te has identificado erróneamente con el falso yo. Nuestra tarea consiste en separar (descarta) el falso yo, y recuperar los poderes perdidos, habilidades, y la alegría innata del verdadero yo. Para ello, sin embargo se requiere un proceso casi mágico... hacemos un llamado al Testigo Invisible para que nos ayude a alcanzarlo.

Identificarse con el Testigo es capturar la esencia de la conciencia. Ve todo, pero no juzga nada. Recuerda esto: Ve todo, pero no juzga nada. Esta es una habilidad especial que llevará algún tiempo cultivar, porque hemos sido condicionados a juzgarlo todo. Desde la infancia hasta el presente se nos ha enseñado a clasificar todas las cosas, ya sea bueno o malo, correcto o incorrecto, justo o injusto... negro o blanco. Al estar en un lado, tenemos que hacer constante batalla con su opuesto. Esto ha creado un desequilibrio en nuestra vida, que no es natural. Pero hablaremos de esto más adelante.

Vamos a intentar un experimento para echar un vistazo al testigo. Deja todo pensamiento, da un paso atrás (lejos de ti), y sólo observa. ¿Dónde estás y qué estás haciendo en este preciso momento? ¡Mírate viendo el monitor, o leyendo esta página. Para utilizar una vieja frase: da un paso atrás, como un observador o testigo, y simplemente contémplate a ti mismo haciendo lo que estás haciendo Hazte esta pregunta: ¿Dónde estás, y qué estás haciendo?

Tomate un momento...

Ok. ¿Te sientes en un nivel diferente de conciencia? ¿Capturaste la sensación de estar centrado plenamente en el momento?

Inténtalo de nuevo...

Como el Testigo, juegas el papel de un científico, que observa con desapego lo que estás viendo. No hay juicio, sólo curiosidad. Lo que ves no es bueno o malo, simplemente es.

Esta es la actitud que deseas cultivar. Intenta atrapar el sentimiento de este testigo que no juzga, tantas veces en tu día como puedas. Tomará tiempo, así que no seas duro contigo mismo... ni siquiera juzgues tu progreso. Recuerda que la manera en que normalmente experimentas la vida cotidiana es similar a un estado de hipnosis. Tu mente ha sido condicionada para ver las cosas desde un solo punto de vista, y ese punto de vista influye en todo en tu vida. Lo que queremos hacer es liberarnos del hechizo de esa hipnosis "despertando" muchas veces al día. Con la práctica serás capaz de mantener ese momento más tiempo y más tiempo. Entonces tendrás al menos un punto de vista alternativo, y un nivel de conciencia alternativa para trabajar. No puedo prometerte que serás capaz de mantener ese estado durante todo el día; no es necesario. Puesto que vivimos en este mundo, tenemos que funcionar en este mundo con su estado habitual de conciencia. De lo contrario, podríamos parecer extraños a los demás. Pero también, parece haber una barrera de frecuencia de algún tipo que rodea nuestra tierra y mantiene la actividad de nuestro cerebro confinada a ciertos parámetros. ¿Por qué existe?, y ¿quién lo puso allí?, no lo sé. Sólo sé que resiste el "despertar" que queremos lograr.

El Testigo es incondicionado, la conciencia pura; y a veces necesita ayuda de su activo aliado, la voluntad. Necesitarás la voluntad, no sólo para dirigir la conciencia, sino también para mantener tu enfoque en lo que estás observando. En principio, tenderás a divagar, como la curiosidad de un niño pequeño. Date cuenta de que esto es natural y no debe ser despreciado. Simplemente condúcete de nuevo y re-enfoca. Esto es muy parecido a la meditación, y, de hecho, probablemente lo es. Sin embargo en vez de sentarte con las piernas cruzadas, respirando lentamente, concentrándote en algo, vas a utilizar la materia prima de la circunstancia cotidiana para centrarte y despertar. Podríamos llamar a esto "la meditación del despertar." Ten en cuenta el objetivo: Queremos separarnos de la vida ilusoria del falso yo, y volver a identificarnos con nuestro verdadero yo y la vida real que nacimos para disfrutar. Para ello hay que agitar la semi-hipnosis de la conciencia normal y volver a despertar el estado consciente de la consciencia real. El entrenamiento del Testigo es la clave.

No des por sentado que esto es una filosofía idealista como castillos en el cielo--que suena bien, pero no funciona. Este es un proceso práctico y viable que cambia observaciones simples en realizaciones significativas, y conduce a niveles más altos de conciencia. Es progreso que se puede ver y sentir. Sin embargo, debes trabajar con paciencia y perseverancia. Si puedes convencerte de que este es el trabajo más importante de tu vida -- que nada, no importa qué, te dará recompensas más duraderas – entonces podrás tener la actitud correcta para lograr el éxito. Y, además, estás utilizando el material diario de tu vida para progresar. Imagina, ¡tu propia vida es tu mejor maestro! Ahora eso es natural,... esa es la forma en que se suponía que debía ser.

***

ESCALANDO LA MONTAÑA

Esta es una historia de Vernon Howard. Durante una batalla de la Edad Media, la vida de un rey fue salvada por un arquero en las filas. En agradecimiento, el rey le declaró al soldado, "Sube por el sendero de la montaña por un período de seis horas. Toda la tierra que se ve desde la parte más alta será tuya. Cuanto más alto asciendas, más poseerás."

El arquero subió hacia arriba, deteniéndose en intervalos para descansar. En cada pausa, los oficiales del rey miraban a través del campo, tomando nota de los hitos más distantes. Cuanto más subía el soldado, más territorio reclamaban los hombres del rey para él. Finalmente, el soldado poseía ya una vasta extensión de tierra con toda su riqueza natural.

Actuando sobre la promesa del rey, el soldado se hacía más rico cuanto más alto subía. Al elevar constantemente tu nivel de conciencia, tú también serás más rico. Atraerás ventajas en más variedad de lo que imaginas. Trata de ver que hay muchos diferentes niveles de conciencia y comprensión. También trata de ver que mientras más alta es tu conciencia, más atraerás las cosas realmente buenas de la vida.

Hay otra característica de la conciencia que debes entender antes de proceder. Es la capacidad de la conciencia para disolver y eliminar las condiciones y circunstancias no deseadas. Podríamos llamar a esto destruir lo que ya no tiene utilidad para nosotros. También se utiliza en conjunto con el desapego y descarte, las dos propiedades que hemos estado discutiendo hasta ahora.

Vamos a probar otro experimento. Mientras te sientas aquí leyendo, es probable que haya algo en tu cuerpo que está demandando tu atención. Puede ser cualquier cosa, como ansiedad leve, persistente ira con un amigo o miembro de la familia, un dolor leve o alguna molestia. Te has convertido en muy adepto a ignorar estas irritaciones menores, lo que las deja debajo de la conciencia, sin saber que al dejarlas "sin procesar" roban tu energía, roban tu salud, y en última instancia bloquean tu progreso. Tratar conscientemente estas irritaciones es "procesarlas". HE AQUI el cómo:

Gire tu atención a una de estas señales. Suponte por un momento que te centras en la ansiedad que sientes en la boca del estomago. Te das cuenta de que ha estado allí durante bastante tiempo, incluso días, royendo tus entrañas como una rata a una jaula de manzana. Pero de alguna manera te las has arreglado para ignorar o suprimir eso, por algún tiempo. ¡Ya no! A partir de ahora vas a sintonizarte con estas molestias y eliminarlas una por una... tan pronto aparezcan por primera vez. ¿Cómo? Con la conciencia.

En primer lugar, tratar de localizar el lugar exacto en tu cuerpo donde se produce esta molestia. En nuestro ejemplo, la ansiedad, está probable en la boca del estómago (aunque también podría estar en cualquier lugar entre los intestinos y el corazón). Ahora trae tu conciencia plena a esa área. Trata de definir el límite o perímetro del malestar. Usa tu imaginación y colorea esta área con un gris monótono o un marrón apagado. Si el área cambia de forma, sigue coloreándola nuevamente con tu imaginación. Sólo mantén la atención constante centrada allí. También siente la sensación. Trata de definirlo. ¿Es un malestar sordo? ¿Una punzada o un dolor intenso? ¿Un vacío? Cualquiera que sea el sentimiento, siéntelo plenamente. Si tu mente (o el falso yo) intenta distraerte, concentra tu atención de vuelta, una y otra vez, si es necesario. Pronto te darás cuenta que la incomodidad se desvanece. La molestia acaba de ser procesada, y en lugar de limitarse a tratar el síntoma, has tomado un pedazo de la causa. Cada vez que se presente ante la conciencia - a partir de ahora - podrás dirigir tu plena conciencia allí y enfocarte nuevamente en ella. Con el tiempo, eliminarás el problema por completo. Este es el poder de la conciencia...

Capítulo Cuatro: Auto-Observación

El *testigo*, por supuesto, se utiliza para la auto-observación. Sin embargo, este proceso es mucho más complicado que las meras palabras *auto-observación*. Tendrás que preguntarte el "por qué" de prácticamente todo lo que <u>hiciste</u> anteriormente. El reino de la auto-honestidad es fundamental aquí, por lo que debes tratar de descubrir *por qué* haces lo que haces. Te sorprenderás con las muchas racionalizaciones que usas para dar buena cara a las actividades de otro modo cuestionable. Te vas a molestar con las muchas contradicciones que has permitido que existan entre tus pensamientos y tus acciones, entre los hechos y tus creencias. En resumen, te sentirás decepcionado de encontrar todas las formas en que te has mentido a ti mismo.

Estos, sin embargo, no deben ser usados como juicio contra ti mismo. Este es un juego totalmente nuevo. Ya no vas a juzgarte a ti mismo, ni a los demás. En su lugar podrás observar sin crítica lo que haces, luego te preguntarás <u>*por qué*</u> lo hiciste. Quieres investigar y descubrir tus intenciones- - tus verdaderas intenciones. Y al hacer esto, te prometo, tu conciencia intervendrá con su propia magia y despejará los escombros de todas estas auto-contradicciones. Entonces conocerás la inocencia nuevamente. Y la inocencia es el estado de ser de tu verdadero yo.

Así que vamos a empezar con el proceso de auto-honestidad. Si pudieras dar un paso atrás y verte a ti mismo desde el punto de vista del testigo, que puedes, te sorprenderás de todas las incoherencias y contradicciones locas que permites dentro de ti. Toma cualquier circunstancia que viene a tu vida. Son todos regalos, por cierto, que has atraído para enseñarte, sobre ti mismo. Supongamos, por ejemplo, una amiga se acerca y te pide un favor. En tu mente te has construido una imagen de ti mismo de ser el amigo *leal y servicial*, dando de sí cada vez que se te pide, sin importar los inconvenientes para tu propia vida. Ahora tu amiga, sabiendo esto, puede y con frecuencia se aprovecha de esta debilidad (pero debido a tu crianza y fe cristiana, crees que es una fortaleza). Tu amiga tiene un niño pequeño y ella necesita que cuides a su bebé por la tarde. Tiene una cita con un nuevo pretendiente. Su niño es muy precoz y siempre anda en algún tipo de travesura. Realmente odias cuidarlo, pero por supuesto aceptas. Y tienes una tarde terrible. Tú amiga no regresa a casa esa noche, ni siquiera llama, y tienes que quedarte con el diablillo toda la noche. A la mañana siguiente aparece, se disculpa, y sigue su camino con apenas un gracias. "Oh, bueno," te dices a ti mismo, "Dios está mirando y sé que va a estar impresionado con mi buena obra."

¡Contrólate, mujer! En primer lugar, no hay ningún

Dios sabio y viejo, de pelo blanco, con barba sentado en el Cielo, llevando control de méritos y deméritos con una libreta y un lápiz. Por supuesto hoy probablemente usa una computadora portátil. En segundo lugar, ¿cómo racionalizas que algo bueno puede salir de una noche de ansiedad y molestias para ti?

Ahora supongamos que los principios de su conciencia, después de años de sufrimiento, la han llevado a la realización... ella ve la futilidad de tratar de complacer a los demás. Entonces, por casualidad, ella lee algo en una revista de esas que trae a casa. Se pregunta en pocas palabras, "¿Una persona racional conscientemente se daña a sí misma?" Su respuesta, por supuesto, es ¡no! Así que reflexiona...

Toda su vida, se da cuenta, ha sido un papel que se repite...de sometimiento a otros. Pocas veces ha puesto sus propias necesidades y deseos en primer lugar, y pocas veces sus buenas acciones la han beneficiado. ¿Es eso racional?, se pregunta. ¿Ha estado, conscientemente, haciéndose daño a sí misma... con ansiedades, molestias, y resentimientos? Estas emociones negativas fueron castigo para ella. ¿Fue lógico, poner a los demás primero?

Este es un ejemplo de cómo la conciencia, cuando se activa, puede cambiar tu punto de vista. Pero todavía hay otras cuestiones que deben abordarse antes de un cambio duradero, y un paso al siguiente nivel de conciencia se puede observar.

Como sucede a menudo después de un breve despertar, los medios para revelaciones más altas aparecen, casi por arte de magia...

Supongamos que ella anda viendo los libros de una librería y encuentra un libro que estás leyendo ahora. "Ese ejemplo seguro que suena como yo", reflexiona. Ella continúa leyendo asombrada por la coincidencia.

Tengo <u>estos</u> comentarios de la dama en el ejemplo anterior: "Su primer error fue tratar de mantener una falsa autoimagen. La imagen de un leal y servicial amigo, dando todo de sí misma hasta que duela, eso es una admirable imagen.., una buena imagen cristiana, pero despierta Pregúntate: ¿Alguna vez me he beneficiado realmente de mis buenas acciones? no racionalices ahora, y no te desplaces mentalmente a "mis buenas acciones serán recompensadas con el tiempo" Claro, es posible que te hayas sentido bien durante unos momentos fugaces, pero nunca duraron. Lo que estamos buscando aquí es una sensación de satisfacción que dura por <u>siempre</u>. Esos momentos fugaces de sentirse bien eran tentaciones del falso yo que te mantendrá en el carrusel. Pronto estarías en busca de otra solución. Alguien más a quien ayudar. Y así sucesivamente. Mira, una vez que vuelvas a tu verdadero yo, estarás siendo guiado a actos heroicos por la inspiración sola, y todo se sentirá bien todo el tiempo".

Pero volvamos a la imagen propia... es un espejo de muchas facetas del falso yo. Refleja una imagen diferente [una imagen mecánica] para cada situación y persona con quien te encuentras. Recuerda que éstas [las imágenes] están condicionadas, respuestas habituales aprendidas y almacenada en la memoria por años de práctica, *mecánico* por lo tanto. Pero "imagen" no es real de todas formas. Solo es un pensamiento complejo que se hace pasar por ti, desde algún lugar de tu memoria. No eres tú. Es con lo que te has identificado. Así que de ahora en adelante trata de conectar las palabras *imagen* e ilusión. Ambas son lo mismo.

Ahora vamos a hablar de las contradicciones que permites, que compartan el mismo espacio contigo. Para sentirnos completos, para ser verdadero, debe haber una continuidad de <u>Pensamiento</u> -> <u>Sentimiento</u> -> <u>Palabra</u> -> <u>Hecho</u>. Hay un orden natural aquí, de la más interna a la más externa, y debe fluir de manera uniforme. Con tan sólo una contradicción en el flujo, del interior al exterior, se produce un bloqueo y una supresión (expresión suprimida) se añade al subconsciente. Todas las supresiones de la misma clase se almacenan en el mismo lugar relativo, y se siguen construyendo. En algún momento se convierten en lo suficientemente potente como para manifestarse. El subconsciente es de hecho bastante potente, y con el tiempo se manifestará una expresión reprimida hacia el exterior. Esto puede tomar la forma de una enfermedad, ya que los síntomas de dolor o depresión, (el subconsciente) pueden atraer directamente una circunstancia exterior que te obliga a lidiar con el tema de la supresión particular. Tarde o temprano, la realidad tiene una forma de restaurar la Verdad con lecciones que son difíciles de ignorar. A continuación, tienes dos opciones: Puedes tomar el camino más fácil (con la conciencia y el procesamiento), o se puedes hacer de la manera difícil (si sigues resistiéndote).

La dama en nuestro ejemplo, después de años de sufrir los efectos nocivos de su bloqueo particular, finalmente tuvo suficiente. Ella permitió que la luz de la conciencia interviniera e hiciera su buena obra. Pero, ¿ves las contradicciones, de interior a exterior, que ella permitió en primer lugar? Cada vez que alguien se aprovechó de ella, su pensamiento dijeron ¡no! ... Sus sentimientos dijeron ¡no! ... Sus palabras dijeron ¡sí! ... y sus acciones también dijeron ¡sí! ¿Ves la contradicción que tiene lugar aquí? Si la ves, estate atento para verla en ti mismo.

La auto-observación es la clave. Estate preparado para separarte de tu conciencia normal y saltar al Testigo. Ese simple acto no sólo cambia tu nivel de conciencia, sino que también proporciona una manera de cambiar un problema persistente.

***

EL ICEBERG

Imagina que estás en un barco y que ha habido tormentas y marea alta durante meses. Tu puerto está finalmente a la vista. Pero bloqueando la entrada del canal que te llevará de camino a casa hay un iceberg gigantesco. Todo el mundo sabe que lo que se ve de un iceberg en la superficie es sólo una décima parte de su masa. El resto se esconde debajo. ¿Cómo le sacas la vuelta?

No puedes sacarle la vuelta. Estás atascado en el canal y nadie puede entrar o salir. El problema parece insuperable y requerirá de un esfuerzo sobrenatural para resolverlo.

Durante tus viajes conociste a un extraño en el mar. No tenía ni agua ni comida, pero se ofreció a negociar un extraño artilugio que había encontrado en una isla desierta. Él dijo que tenía poderes mágicos. Sentiste lástima por el extraño y hubieras compartido tu comida y agua de todos modos, pero insistió en que tomaras el artefacto a cambio. De mala gana, aceptaste el regalo - que era una barra de metal con un cristal en un extremo y una matriz en forma de caja en el otro - y la guardaste abajo.

Una idea se te ocurre. Tal vez ese extraño artefacto podría ayudar. Después de traerlo de abajo, lo miras más de cerca. Estás simplemente intrigado con lo que es, y cómo funciona... pero apuntas al iceberg, con la esperanza de que de alguna manera rompa ese enorme trozo de hielo. Whap!

El artefacto se descarga como una pistola láser y golpea la parte superior del iceberg. El iceberg se eleva para compensar y parece crecer más. Una vez más te imaginas una descarga. Whap! Deshace más el iceberg. Se eleva de nuevo. Cada descarga parece más fuerte y se desintegran trozos más grandes de hielo... hasta que al final sólo un pequeño trozo de hielo queda flotando. El camino a casa está libre.

Al igual que ese extraño artefacto, también tienes un arma casi mágica a la espera de ser utilizada. Tu conciencia, dirigida por la voluntad y la imaginación, desintegrará esos bloqueos que has ignorado durante tanto tiempo. Pero ahora, en lugar de ignorarlos, enfocaras tu conciencia en ellos tan pronto como aparezcan. Poco a poco todo el bloqueo será disuelto y tendrás mucho menos "equipaje" que cargar. Pero recuerda, para llevar a cabo este acto mágico debes situarte a ti mismo fuera de tu estado normal de conciencia. Debes identificarte con el Testigo.

Un buen candidato para la disolución es pretender... pretendiendo ser algo que no eres, o saber algo que no sabes. No te desanimes cuando finalmente te enfrentes a la verdad de esta fachada pomposa, porque todo el mundo sabe que es culpable también. ¿Quién no estira un poco la verdad, o adorna un poco la historia para embellecer los hechos? Es una condición humana, todo el mundo lo hace, pero lo importante es ser consciente de que estas haciéndolo. Con un poco de práctica, y la acción correctiva de la conciencia, vas a entender el dicho: "la verdad los hará libres."

Quiero que entiendas algo muy importante. Toda la ansiedad se basa en el temor de que alguien "nos descubra," ver a través de la pretensión de tu falso yo egoísta. Todos las auto-ilusiones deben ser protegidas, y mientras más se tiene que proteger, hay que hacerle frente a más ansiedad de alguna manera. Una vez más, debes deshacerte de todo el equipaje inútil y simplemente aprender a ser tu mismo. Cuando no tienes nada que proteger, no tienes nada que perder... entonces, sólo queda la alegría. Y una cosa más. El verdadero yo es decenas de veces más atractivo y poderoso que cualquier ilusión del falso yo. Sé tú mismo, eso es todo.

CAPÍTULO CINCO: NO HACER, PERMITIR

En la última lección aprendiste el antiguo secreto de la auto-observación a través del testigo...en esta lección aprenderás el principio que lo acompaña, Permitir. Esta es probablemente la clave de toda la filosofía. Sin ella su progreso puede estancarse o crecer sólo como pequeños brotes, pero usarlo, cambia el mundo que conoces.

Recuerda, todo lo que ves o experimentas fuera de ti es sólo un espejo que refleja el estado del "ser" en tu interior. Si tu mente y emociones son pacíficas, tu mundo reflejará la paz. Sin embargo, si hay lucha interna, tu mundo refleja esa lucha y confusión. En cierto sentido, eres lo que percibes fuera de ti mismo, y puesto que ningún ser racional conscientemente se daña a sí mismo/sí misma, debes evitar resistirte o luchar con lo que ves (lo que eres). En primer lugar, debes captar la señal que el mundo te está enviando – siendo consciente. Entonces, tienes que hacer algo...o más bien [al permitir] no hacer algo. Ves, tu tendencia en el pasado ha sido reaccionar de alguna manera a lo que ves. Ahora que estás despertando, ves la futilidad del espiral negativo que nunca termina que creas al ser "reaccionario". Parece que Martin Luther King estaba descubriendo algo muy poderoso, después de todo.

Ten en cuenta, que deseas acercarte a ésta como un científico. Ver las cosas de cerca, pero siempre con la curiosidad individual. Esto incluye todo lo que está pasando fuera, así como todo lo que está sucediendo en el interior... en respuesta a todo lo que sucede afuera. Todo está conectado; una afecta a la otra. Sin embargo, si pierdes el lado científico y te identificas con tu observación (emocional o de otro tipo) pierdes la ventaja. Tu participación se sitúa en el mismo nivel que el "acontecimiento", y te pierdes en la tormenta de la acción y la reacción.

Esto no quiere decir que tu enfoque de la vida debe ser como Spock de Star Trek; su personaje niega cualquier sentimiento, ejerce sólo la lógica, y se separa de todas las tendencias similares a las humanas. "Debe haber equilibrio en todas las cosas", como los maestros Zen y Tao recuerdan. Hay un tiempo para la observación, y un tiempo para la espontaneidad (disfrutar), pero con ambos sin embargo, sólo "se consiente".

Permitir no es sólo tolerar las cosas que te molestan. Puede serlo en un inicio, para ganar un punto de apoyo, pero por lo que estás luchando va más allá de la mera tolerancia. Quieres conseguir el equilibrio con la molestia, y si sólo estás tolerando su presencia, tus sentimientos hacia ella siguen siendo negativos. Al ser conscientes de la reacción negativa, cada vez que aparece, estás poco a poco "procesando" o diluyendo su efecto. Con el tiempo no tendrás reacción alguna a ese particular evento, circunstancia o persona, y estarás libre de él... equilibrado.

Esto nos lleva a una discusión acerca de la libertad, lo que realmente es. En este país en que vivimos con la ilusión de ser libres, de vivir en libertad. Después de todo, está escrito en nuestra Constitución y con el respaldo de nuestro sistema de leyes. Pero pregúntate a ti mismo, ¿realmente tienes la libertad incondicional para ser o hacer exactamente lo que quieres? Por supuesto que no. Para vivir en una sociedad, nos dicen, debes renunciar a ciertas libertades y cumplir con las normas "aceptadas" para que todo funcione en armonía. Primero pregúntate, ¿está todo funcionando sin problemas? Después pregúntate, ¿tienes algún poder [verdadero] para hacer que las cosas sean diferentes? Una vez más, nos dicen, con tu voto tienes el poder de cambiar todas las cosas. ¡Despierta! ¿Qué poder real es un voto de 250 millones? Prácticamente nada.

Pero, ¿quieres saber un secreto? Hay una manera de vivir en sociedad y tener libertad incondicional. Funciona como la alquimia de la antigüedad si le das una oportunidad. En realidad te elevará por encima de las tormentas, ansiedades y angustias de la sociedad.

Funciona así: Cambia tu "nivel de conciencia" por encima del de la sociedad común, y también cambia tu "nivel de vida". Tu nivel de consciencia, después de todo, es lo único sobre lo que [realmente] tienes algún tipo de control. Nadie más que tu controla la forma en que tú piensas y percibes, y cuál es tu reacción, pero este poco de poder, al parecer contrario a la lógica, es todo lo que se necesita para llevar a cabo el cambio asombroso!

Mira a tu alrededor. Da una buena mirada a los rostros de todos aquellos ciudadanos ocupados trabajando. ¿Ves sonrisas y alegría? ¿Brillan sus ojos con la conciencia? ¿Viven realmente en el Ahora? Debes admitir, que están lejos de un estado de auto-libertad. Son como autómatas, corriendo, hipnotizados por sus miedos y creencias. Viven en un mundo común, todos están en el mismo nivel de conciencia limitada. ¿Es esto acaso como el cuento de hadas de la libertad que creen que tienen?

Si puedes ver esto, ya es un paso en la conciencia por encima de ese nivel. ¿Tienes el coraje de ir más allá y realmente vivir en un mundo diferente del que ves? Este mundo diferente sostiene no sólo la promesa de la verdadera libertad, sino la realidad de un estado llamado auto-libertad. Y el primer paso en la consecución de esta auto-libertad es separar, con la conciencia, todas esas molestias en el mundo externo. Esto se hace, permitiendo.

Cada día, a medida que se acepta más de lo que es - sin juzgar, sin criticar - elevarás tu nivel de consciencia y mágicamente transformar tu mundo. Suena sencillo, y lo es, pero no hay mayor fuerza para el cambio de la dualidad de la <u>conciencia</u> y <u>permitir</u>.

EL SECRETO DE LA VERDADERA FELICIDAD ES CULTIVAR LA LIBERTAD INTERIOR

¿Eres consciente de que tu mente es como una casa embrujada? Los espíritus de los viejos recuerdos vuelan a través de tu mente sin ser invitados; Hay cientos de voces jalándote hacia este lado, empujándote hacia otro lado, diciéndote lo que debes hacer y lo que no debes; deseos vienen y van, apenas uno es satisfecho, otro toma su lugar; emociones surgen de la nada, para moverte a alguna parte; pensamientos vienen de la nada, pocos sirven algún propósito que valga la pena. No es de extrañar que te sientas atrapado como un prisionero, sin salida.

Pero hay una salida. Y comienza desde el lugar que te da tanta agonía.

Comienza a pensar en la verdadera libertad como un estado de "libertad interior". Ser libre, en el interior primero. Tienes que tomar el control de tu propia mente otra vez. ¿Permitirías que intrusos no deseados permanecieran en tu casa y te molestaran día y noche? Por supuesto que no, ¡deshazte de ellos! Tu mente es como tu casa, es donde vives. Pero, ¿cómo reclamas lo que es tuyo? En primer lugar, estas atento. Se muy consciente de cada intruso que entra en tu dominio. No luches con él, no discutas con él, sólo observa... y pronto se irá.

En segundo lugar, ve cómo responde el interior, a lo que sucede fuera. No dejes que el exterior entre también. Acepta y reconoce lo que es, sin resistencia mental o emocional, y te deslizaras por la vida con el ***flujo de la vida***. ¿Puedes sentir la verdad de esto? Tómate un momento y ejercita un poco tu imaginación. Ve si puedes sentir cómo tu vida puede cambiar si tu mente está en paz. En lugar de perder la cabeza y reaccionar de forma exagerada a una situación estresante, ¿cómo sería solo ver y aprender?... Luego toma acción con calma y apropiadamente. Esto no sólo ahorra un montón de desgaste físico/emocional y deterioro, influye en el exterior también. Con el hábito y la coherencia, este simple proceso te transformará a ti y a tu mundo. No tomes mi palabra por hecho, ¡pruébalo y verás!

Al principio, estarás obligado a tropezar y caer, y sentirte incómodo. Pero cada vez que fallas, eres menos consciente del fracaso, y eso en sí mismo es un paso hacia el deseado cambio. Trata de relacionar mentalmente tu ira y reacción exagerada con un tigre salvaje que se libera de vez en cuando. La mayoría de las veces te encuentras con la guardia baja cuando escapa de su jaula, haciendo daño antes de que puedas reunir tu ingenio. Pero a partir de ahora cuidarás con conciencia. Sentirá que revuelve con resentimiento antes de que brote... y cada vez que sientas a este tigre abalanzándose hacia fuera, le sorprenderás en el acto. Y eso, amigo mío, ¡es la forma de domar al tigre salvaje!

Habrá momentos, ya que estás pisando este nuevo camino hacia la auto-libertad, en que no vas a saber qué hacer - no tendrás ni idea de cómo actuar o qué hacer - estarás confundido y te sentirás totalmente incómodo. Así que, ¿Qué haces? Nada.

CUANDO NO SABES CÓMO, VIVE EN EL AHORA

Está bien no hacer nada. Simplemente vive en el momento. Siente tu confusión, siente tu incomodidad, siente tu ignorancia. No trates de pensar la manera de salir, como de costumbre, sino que en su lugar vive con la incomodidad de no saber. Mantente fuerte en ese vacío, con sólo la Verdad como tu aliado. Y de la nada vendrá una respuesta. No vendrá de pensar... sino de la intuición... o, el Universo te puede sorprender con una acción propia. Una vez más, no tomes mi palabra por hecho. ¡Pruébalo!

Podemos llamar a esto el arte de "no-hacer". Parece totalmente contraria a todo lo que nos han enseñado, pero una semilla (de la Verdad misma) está contenida en este arte. Se necesita cultivar, necesita tiempo para crecer. Pero no vas a creer la fruta mágica que florece, luego se manifiesta en su realidad. Veamos algunos otros ejemplos de "no-hacer".

Supongamos que alguien cuestiona un hecho u opinión que has expresado recientemente. O peor aún, te llaman mentiroso. ¿Sabes lo que harías normalmente? - ¡reaccionar! te enfadarías, te defenderías con evidencias, racionalizarías, estirarías la verdad, y meterías a un pobre transeúnte desprevenido en el argumento para apoyar tu punto de vista. ¿Puedes ver al tigre abalanzándose fuera de su jaula? ¿Sabes la verdadera identidad de este tigre? Se llama [Ego] El falso yo.

Sabes por ti mismo por experiencias pasadas:

1. esta reacción te causó dolor y el estrés;
2. te hizo ver absurdo;
3. no probó ni resolvió nada; y
4. probablemente te consiguió un enemigo que se burlara aún más de ti. Entonces, ¿cuál era el punto de todo esto? ¿Quién realmente se benefició? El falso yo.

Ahora, por el contrario, vamos a ver cómo una persona evolucionando espiritualmente podría manejar esto. En primer lugar, se consciente de la agitación del tigre, el resentimiento y la construcción de la ira. En segundo lugar, no hagas nada, retrasa la necesidad de reaccionar con una defensa para salvar la cara. En tercer lugar, vive en el momento, no digas nada, quédate de pie allí en el vacío y siente la verdad de todo lo que pasa a través de ti. En cuarto lugar, si no reaccionas, ve el efecto que tiene sobre ti y sobre los demás. En quinto lugar, crece a partir de la experiencia... y ¡déjalo ir!

¿No es esto una forma más madura y menos estresante de manejar la negatividad? Funciona para la negatividad de todo tipo. Y la ventaja es: el mundo cambia a medida que cambia tu mente.

El arte de no-hacer se puede extender también a la

forma en que vives la vida. Considera cómo a menudo piensas y planeas cada segmento de tu día, hasta el más mínimo detalle. Rara vez podrás hacer algo si no lo has considera antes, planeado, y re-considerado. Vivir de esta manera – sólo con el pensamiento - no cumple con el asombro de un nivel de vida que sucede por sí mismo, se desarrolla de forma natural con facilidad y espontaneidad. Sin embargo, para experimentar este ***flujo natural de la vida***, primero debes confiar que ese nivel realmente existe... que los animales, los seres iluminados, incluso los extraterrestres y los ángeles, todos funcionan en este nivel sin cuidado ni preocupación de lo que sucederá después. Tienen plena confianza de que todo en la vida se está desarrollando para el bien de todos, y que no se requiere ningún pensamiento egocéntrico para sostenerlos. Imagina la libertad de vivir de esta manera.

Esto no quiere decir que el pensamiento es malo y no tiene cabida en este alto nivel de vida. El pensamiento es un siervo maravilloso, pero hemos permitido que se convierta en nuestro amo. Cuando se aprende algo nuevo, el pensamiento es esencial; cuando se trabaja con las matemáticas para mantener nuestras vidas y el presupuesto equilibrado, el pensamiento es necesario; al utilizar una receta para cocinar un platillo nuevo, o simplemente siguiendo un plan para construir una nueva casa, pensar nos puede servir también. Utilizado de manera adecuada es una ayuda maravillosa, pero cuando constantemente nos molesta como un niño con "¿qué hacemos ahora?" se convierte en una herramienta del falso yo, y su insaciable necesidad de atención y estimulación.

***

CUANDO ESTÁS EN EL AHORA, NO HAGAS NADA SOLO PERMITE

Prueba este experimento. Tomate sólo un día a la semana para tratar esto. Después de varias pruebas probablemente encontrarás esta práctica más atractiva, por lo que querrás cambiar todo tu estilo de vida para darle cabida. Va así:

En primer lugar, decide firmemente y afirma que vas a permitir que este día *fluya* por sí mismo, sin ninguna previsión o planificación de tu parte. Tendrás que tomar lo que pase... sin juzgar ni criticar.

En segundo lugar, darás un paso atrás y veras de cerca todo lo que ocurre. Pero estarás especialmente alerta a cómo el falso yo reacciona a la negatividad, y cómo el cuerpo se siente después. Observa también cómo el falso yo característicamente "persigue su cola" con charlas sin sentido y pensamiento.

En tercer lugar, nota un patrón o la inteligencia detrás de todo lo que sucede. Es casi como si pusieras tu vida en piloto automático y estuvieras sorprendido de descubrir que *vuela por sí sola*, sin tu constante supervisión y aportación. De hecho todo fluye bastante bien, probablemente mejor y con menos esfuerzo de lo que hubiera sido, si tú estuvieras metiéndote como de costumbre.

En cuarto lugar, decide aliarte sólo con la verdad en este día. En otras palabras, te mantendrás fuerte en ese vacío, sintiendo honestamente todo lo que pasa a través de ti. No vas a tratar de defenderte de palabra o de pensamiento. Si estás confundido, te *sentirás* confundido... si estás enojado, te *sentirás* enojado... si tienes miedo, *siente* tu miedo... si está avergonzado de lo que otros puedan pensar por estar simplemente de pie en silencio, *siente* la vergüenza.

En quinto lugar, "vive en el Ahora y solo Permite." Si sientes el impulso espontáneo de hacer algo o ir a algún lugar, sigue adelante. Al confiar en tus sentimientos que están siendo receptivos (aceptando y permitiendo). Sin embargo, una advertencia: Confía en nada de lo que se sienta como culpa o ansiedad o mera inquietud. Estos surgen sólo desde el falso yo.

Esto es realmente una manera maravillosa, libre para vivir tu vida. Pruébalo y verás.

CAPITULO SEIS: PENSAMIENTO SUPERIOR

OK, así que ¿cuál es la diferencia entre pensamiento ordinario y pensamiento superior? Recuerda, el pensamiento ordinarios se origina del falso yo. Esa es su fuente. Este tipo de pensamiento se basa en la memoria de todas las experiencias almacenadas, aprendizaje de los libros, y las opiniones de los demás que has aceptado como propias. Es exactamente como una computadora: información entra☐ información sale. Si el material que entra está defectuoso, el material que sale (sus reacciones) será defectuoso. Has oído la expresión "entra basura sale basura." La mayoría de lo que se ha almacenado en ese fabuloso cerebro-computadora tuyo, ha estado defectuoso desde el principio. No es culpa de la computadora, es culpa del operador, el falso yo. Desde [tu] pequeño punto de vista, se ha seleccionado material de su propio pequeño foco y lo consideras un hecho; sin embargo, la mayoría era mera opinión. Así que desde tu punto de vista (tu verdadero yo), ¿puedes ver que has estado trabajando con material defectuoso... y ya estás prácticamente programado para fallar?

Piensa en *pensamientos comunes* como pensamiento mecánico, porque al igual que una computadora, sólo sabe lo que ha almacenado en su memoria. Por el contrario, tenemos el *pensamiento superior* que se basa en el punto de vista de la conciencia que lo abarca todo. El pensamiento común es egocéntrico y se limita a lo (almacenado) pasado, mientras que el pensamiento superior considera el todo y está en constante actualización con nueva información; funciona en el ahora en oposición al pasado. La Conciencia ofrece hechos, no opiniones, y estimula el pensamiento que es puro, no contaminado.

El pensamiento común, por su propia naturaleza, divide y separa. Clasifica todas las cosas en polaridades u opuestos. Este tipo de pensamiento nos separa de todo lo que está fuera de nosotros mismos. Desde su punto de vista polarizado, compara constantemente a todo y a todos. Todas las cosas son juzgadas como buenas o malas, correctas o incorrectas; todas las cosas se cuantifican grandes o pequeños, ricos o pobres; todas las personas que se clasifican como amigo o enemigo. ¿Ves que este tipo de pensamiento siempre te obliga a tomar partido? Para <u>ser</u> algo, debes estar en contra de algo más. Para <u>ser</u> alguien, debe compararte con alguien más. Para estar en lo correcto, tiene que haber alguien que este mal. ¿Qué sucede cuando te pones de un lado? Está obligado a luchar en contra, resistir al lado opuesto. Ya sabe que esto es inútil. [Ya sabes que sólo luchas contra ti mismo.] Este argumento y resistencia interminable, nunca es una solución. Lo mejor que se puede esperar es comprometerse (tolerar), y esto en realidad nunca satisface a nadie ni resuelve nada... sino que te deja enconado y el resentimiento hirviendo bajo la superficie.

Entonces, ¿hay una salida? ¿Hay otra forma de pensar? ¡Por supuesto que lo hay! Está por encima de las polaridades, se basa en el equilibrio, y nunca se equivoca. Esta tercera forma de pensar se llama Pensamiento Superior... Pensamiento Consciente... Pensamiento del ahora. Todos ellos lo describen en cierta manera, pero con la práctica y la aplicación se convierte en una especie de no-pensamiento, un omnisciente. Si confías en lo que sabes, entonces no hay razón para pensar. Y ese es el estado de conciencia que estamos buscando.

Usemos un ejemplo. Supongamos que vas en un viaje de campamento al bosque. Has llevado alimentos y suministros suficientes para tres días. Tras una excursión de un día entero empiezas a establecer tu campamento, almacenas los alimentos, y armas la casa de campaña. Las estrellas brillan, y ya está felizmente cansado, caes en un profundo sueño. En la mañana te despiertas y descubres que tu campamento ha sido registrado y toda la comida ha sido robada. Huellas cercanas revelan el culpable, un oso. ¿Entras en pánico, o disfrutas la situación inesperada? Después de todo, es eso a lo que viniste a la espesura del bosque: una aventura para aprender más acerca de ti mismo, y una especie de prueba, para probar la validez de estas "enseñanzas de la verdad" Tienes hambre y no tiene comida. ¿Qué haces? Notaste durante la caminata que los bosques estaban llenos de nueces y bayas silvestres. Algunas eran venenosas, algunas no. Pasas varios arbustos de bayas, recogiendo y comiendo, disfrutando de los frutos dulces, sin poner atención a cuales estas escogiendo, las correctas o no. ¿Por Qué? Porque tienes experiencia en estos bosques y ya <u>sabes</u> cuales bayas son comestibles. Así que, ¿hay alguna decisión que tomar? No. Ninguna persona se dañaría a sí misma conscientemente. Dado que <u>sabes</u> cuáles comer, no hay pensamiento, no hay otra opción.

La diferencia entre la verdad y la no verdad se parece mucho a esas bayas silvestres. Después de un poco de exposición a la verdad, se reconoce con facilidad y su sabor se busca ansiosamente. En este estado elevado de reconocimiento no hay decisión que tomar, por lo tanto no se requiere del pensamiento. Escoge las bayas, come la fruta, disfruta el sabor... y estarás contento.

El pensamiento superior es sobre la totalidad. No divide y separa al igual que su hermano menor. Ya ves, ahora mismo consistes de divisiones. Todo lo que es externo a ti está clasificado y cuantificado, nombrado y etiquetado, juzgado como bueno o malo. Todo dentro de ti se reparte de manera similar también. Tienes un cuerpo, en lugar de espíritu... tienes una mente, en lugar de emoción... tienes la mente consciente, en lugar de la mente subconsciente... tienes emociones amorosas, frente a las emociones de enojo. En tu vida tienes éxito y fracaso, amigos y enemigos, salud y enfermedad, correcto e incorrecto. Con todos estos opuestos que luchan por el reconocimiento y el dominio, no es de extrañar que estés confundido y desorientado

Pero la buena noticia es que hay una forma completamente diferente de vivir. Esta tan cerca como tu aliento, y tan fácil de controlar. ¡Es tan simple como cambiar tu mente! Requiere, primero, de *intención*. Después, en segundo lugar, practica. Todo tu propósito es cambiar tu forma de pensar. Y recuerda, tienes un aliado, un genio mágico de pie a tu lado, dispuesto a servirte. Es el testigo invisible, la ***voluntad consciente***. Ya está completo, ya es libre, vive en el reino del pensamiento superior y siempre está presente en el ahora. Este es el verdadero yo. Sepárate del falso yo y asume tu identidad natural.

Esta plática sobre integridad, y ser uno con todo, asusta a mucha gente. Ellos asumen que si eliminan el Ego también eliminan su identidad. Bueno, sí eliminas la identidad inferior - la que es falsa. Pero recueras la parte natural que habías perdido. En el nivel del verdadero yo [espíritu o alma] conservas tu individualidad. Todo tu aprendizaje y crecimiento, toda tu experiencia y talentos de vidas pasadas siguen siendo tuyas, esto proporciona la huella de tu propio carácter. Se trata de tu individualidad, que se basa en la experiencia real, y tu experiencia es compartida con el Todo. Pero la mera identidad es un conjunto de etiquetas, hábitos, creencias y actitudes; todos son meras auto-imágenes, y todas son falsas. Son falsas, ya que son sólo fotos egoístas y no tienen en cuenta el Todo. Cuando te vuelves completo otra vez, estás en paz, estás contento...

Imagínate como es la plenitud verdadera. Los pequeños problemas del día a día se desvanecen en una perspectiva más pequeña, no tienen poder para moverte o tocarte. En tiempo real, en el Ahora, ya estás completo, perfecto. Las metas y los esfuerzos se han resuelto a sí mismas (ya sea en su favor o en contra), has aprendido de tus lecciones y están en paz con los resultados. Las batallas han terminado, los resultados determinados, y nada del pasado puede tocarte. El presente es el lugar donde vives, pero no es estático, inmóvil..., de hecho, cambia cada momento, florece en lo nuevo e inesperado.

Vete a ti mismo en un mundo de perfección. Imagina que todos tus deseos y metas se han logrado. Eres el ideal exacto de todo lo que siempre deseaste ser. Y, sin embargo, dado que todas las cosas tienen que seguir creciendo y cambiando, existe el pequeño impulso para algo nuevo... nuevas necesidades, surgen nuevos deseos. Pero debido a que vives en la perfección, y el flujo de la vida continúa, todas las necesidades y deseos son satisfechos al instante. ¡Nunca tienes que estirarte para alcanzar alguna cosa!

La Vida y Tú son uno mismo. A diferencia de la vieja forma, donde está tu y una vida (fuera de ti) a la que se le debe dar forma, lograrse, controlarse... ahora eres uno con el flujo de la vida y no hay separación. Eres la vida, la vida es tú, no hay necesidad de luchar o de controlar. No hay miedo porque no hay nada que temer. No tienes miedo, porque no tienes miedo de ti mismo. ¿Acaso no es la integridad genial?

Este mundo existe, y está tan cerca como un cambio de actitud.

CAPÍTULO SIETE: EL CAMINO DORADO

Como mencionamos en la introducción hay una gran cantidad de caminos al estado iluminado, estados conscientes que buscamos, pero básicamente podemos clasificarlos en dos categorías. Uno puede ser referido como el camino "masculino" o activo; el otro puede ser llamado el camino "femenino" o pasivo. Son las dos caras de una moneda, cada uno necesita del otro para existir... aun y cuando no lo quieran reconocer.

El camino de la izquierda, o modo masculino, tiene un enfoque práctico y activo para vivir la vida y desarrollar la conciencia. Todas las filosofías de "crea tu propia realidad", y los conceptos de "aprende haciendo" [incluso la ciencia] caen en esta categoría. La alquimia, la magia, la brujería, algunas formas de meditación y yoga, son todos ejemplos esotéricos del enfoque masculino. La voluntad y la imaginación son todo poderosos; el yo empoderado es un requisito básico.

El camino de la derecha, o modo femenino, es pasivo y receptivo. La suerte y el destino son aceptados como la verdad fundamental, todo ha sido pre-arreglado, y un Dios que todo lo sabe supervisa la totalidad de la creación sin lugar a dudas o críticas. El cristianismo y las enseñanzas de Mahoma son los principales ejemplos de este enfoque subjugativo. Sólo Dios es todopoderoso; la confianza y la fe son requisitos estrictos.

El camino dorado es una integración de los senderos de justicia y de la mano izquierda, que mantiene el equilibrio entre estas dos polaridades. Este es el camino menos transitado, el dorado, el Camino que no incurre en una deuda kármica. Este es también el reino de los Testigos, y la tercera vía de pensamiento. La vida misma es todopoderosa, maestra de la verdad... y la verdad es el único requisito.

Los que pisan el camino dorado utilizan sus propias vidas como ambos aula y maestro. Ninguna experiencia, ya sea positiva o negativa, se desperdicia. Este camino es el único por encima del plano de las polaridades, por lo tanto, todos los acontecimientos, condiciones y experiencias benefician a quien lo busca. Imagina vivir la vida en el momento, dando la bienvenida a lo que venga como un don del espíritu, sabiendo que no hay nada que temer, porque tú eres uno con la vida. Esto hace una base inamovible para el desarrollo de la libertad interior y la experiencia de la plenitud.

¿Puedes ver la continuidad entre el camino dorado y todo lo que hemos estado hablando hasta ahora? De hecho, esa es la prueba de la verdad. Si es de hecho la verdad, se mezclará o revolverá y combinará con cualquier otro aspecto de la verdad. No hay hechos discordantes, no hay explicaciones contrarias, no hay incoherencias. Podrás tomar cualquier párrafo - o cualquier capítulo - y compararlo con cualquier otro párrafo o capítulo, y encontraras un parentesco. Si todo es parte de un mismo todo, la misma verdad, no puede haber ninguna discontinuidad. Una vez más, pruébalo.

¿Qué es un camino? Es una forma de vida... una forma de ver la vida, y una manera de experimentar la vida. Desafortunadamente, en nuestra cultura, no se nos han presentado muchas opciones de caminos para seguir. Los únicos que se nos han dado (han heredado) son los aquellos que conducen hacia la izquierda o derecha. La ciencia es una mente izquierda, camino de la mano izquierda, el cristianismo es una mente derecha camino de la mano derecha. Alguna vez hemos sido alentados a tomar el camino de en medio, en línea recta? No lo Creo.

Algunas personas se preguntan, ¿Por qué tomar un camino espiritual en absoluto? ¿Hay algún beneficio práctico para el día a día en mi vida? Por supuesto que existe. Como se ha subrayado antes, la vida interior (espiritual) se relaciona e impulsa a la vida exterior (circunstancial). Si hay paz y armonía interior, habrá paz y armonía exterior. Yo no lo recomiendo como una manera de hacerse rico, ya que es una trampa del ego de todos modos... cuanto más dinero tengas, más responsabilidad y dolores de cabeza. Pero si una vida cómoda, segura y pacífica te atrae, este es definitivamente el camino a seguir. Se puede caminar por la vida con facilidad y alegría, todo parece caer mágicamente en su lugar sin planificación o previsión alguna, las circunstancias y las oportunidades parecen venir a ti - cosas que nunca te imaginaste que serían satisfactorias. Y lo mejor de todo es que estás aprendiendo y creciendo a un ritmo rápido, con clases adaptadas específicamente a tu individualidad. ¿No es este un enfoque mucho más sensato y práctico para la vida que al que estamos acostumbrados?

Hay varias falacias comunes con las que crecemos, que nunca son desafiadas y en las que rara vez pensamos. Tenemos que mirarlas a través de la luz de la conciencia, antes de pisar el camino dorado.

El primero es el éxito. Crecemos con la idea de que el propósito de la vida es llegar a ser un éxito. Para tener éxito hay que ser rico o famoso, o destacar de alguna manera significativa. ¡*Tenemos que ser alguien*! Para ser alguien hay que luchar y batallar, tramar y planear, competir hasta el final. Es como si todos estuviéramos en un partido que tenemos que jugar, ya sea que queramos o no. Las reglas son borrosas. Algunas personas tienen un código moral, una lista de aciertos y errores que pretenden cumplir, pero más a menudo estas personas no ganan los grandes premios. Los grandes ganadores, al parecer, no tienen reglas. Compiten con eficiencia y todo se vale. Sus sonrisas practicadas proyectan una imagen de satisfacción y logro... mírame, se burlan en silencio. Pero si pudieras mirar profundamente en el núcleo de su ser, verías algo muy diferente. Estas personas - y puedes apostar tu casa - viven con miedo y agonía en su interior. Son impulsados, antagonizados y abusados por algo en su interior que nunca les dará un momento de paz... como si hubieran vendido su alma al diablo. ¿Qué es este diablo que los impulsa? Es una imagen falsa, es decir, el falso yo, el ego.

Es doloroso vivir de imágenes ilusorias de lo que somos, en lugar de partir de la realidad. Un hombre que se imagina a sí mismo como un genio para hacer dinero se molesta por algo que contradice esa imagen de complacencia propia. Si el negocio no va bien, como lo hará a veces, interrumpe su autoimagen pretenciosa y provoca malestar interno. Le preocupa lo que sus amigos piensen de él, se preocupa por mantener un estilo de vida alto para su familia. Ya ves, mientras más grande sea la brecha entre la ilusión y la realidad, mayor es el dolor. La realidad está tratando de enseñarle algo sobre sí mismo, por eso el dolor. Pero, en su mente, el "juego" de hacer dinero le da emoción y placer temporal - falsas sensaciones, ambas. Él se enganchó en una sensación de droga (emocional y hormonal) que cada vez se hace más difícil y más difícil de satisfacer.

En el juego de la vida hay ganadores y perdedores. Si llamamos a la persona de arriba ganador, ¿le va mejor al perdedor? Por supuesto que no. El perdedor es torturado por sus propios demonios... auto-desprecio, agonía, y miedo. Y él es tan adicto a las sensaciones falsas como el ganador. ¿Cuánta simpatía obtiene del síndrome "pobre de mí"? Esta persona no lo admitiría pero consigue un perverso placer de la imagen de sufrimiento que da ser el perdedor.

Si ni el ganador ni perdedor realmente ganan, ¿hay alguna manera de salir del juego? ¿Hay otra manera de ser exitoso? Sí. El camino de en medio es la respuesta. El camino dorado.

Imagínese el "juego de la vida" como un partido de fútbol. Hay dos equipos, dos lados opuestos, cada uno con su propio plan (libro de jugadas) para ganar el juego. Los jugadores son muy hábiles en sus tareas individuales, y para ellos el fútbol es el único modo de vivir. El béisbol o baloncesto son otros mundos totalmente diferentes... juegos diferentes para diferentes personas.

Así que están todos en la cancha, tienen fricciones,

sintiendo el dolor, pero ignorando el dolor por el bien del juego. La marea fluye primero hacia un lado, luego hacia el otro, hacia atrás y hacia adelante, y sigue, y nadie sabe a ciencia cierta qué lado va a ganar.

Los "jugadores" están todos en el campo. Ellos representan a los que hacen, el nivel básico de la conciencia. En los alrededores del campo de juego hay un estadio lleno de aficionados. Ellos están alineados emocionalmente con un lado o el otro. No son los que hacen, pero están fuertemente identificados con un lado de los suyos. A medida que la marea fluye a favor de uno u otro lado, sienten la emoción luego la agonía. Los aficionados no están ensangrentados y sucios abajo en el campo, en un sentido son un poco más inteligentes y por lo tanto representan un nivel un poco mayor de conciencia.

Un paso más atrás están los televidentes que ven el partido desde casa viendo. Ellos no están en el estadio, no sienten ningún dolor, y no sienten la urgencia de las emociones de los aficionados en sus asientos. Los televidentes también se identifican con un lado o el otro, pero con menor intensidad y un poco menos agonía. Están en un nivel algo más alto de conciencia... pero todavía están en el juego.

Si esto tiene sentido para ti, ¿puedes ver el lugar que ocupas en este juego?

¿Hay alguna manera de ganar este loco juego? Sí, y la solución es simple. ¡No juegues! Los que caminan por el camino dorado han descubierto, a través de su propia conciencia, que la única manera de ganar es realmente desprenderse de las locuras humanas inútiles - como el orgullo, la vanidad, y las falsas ideas de éxito.

Volvamos a la analogía de fútbol por un momento.

¿Dónde queda la persona espiritualmente consciente en todo esto? Él o ella simplemente disfruta de ver el juego... disfruta de observar las reacciones de las personas al juego... disfruta viendo a los jugadores jugar. Ellos pueden venir o ir al estadio, verlo en la televisión o en un reproductor de vídeo, salirse antes del final, y no tienen ninguna preocupación acerca de quién gana o pierde. Al no estar involucrado con los resultados, él/ella/ellos ¡son libres! ¿Ves la verdad sencilla, desnuda en esto?

La definición de éxito verdadero es finalmente revelada. Es una simple cuestión de cambiar de opinión sobre el éxito... empieza a hacer las cosas que forman el verdadero éxito duradero - ¡y esto es algo que puedes llevar contigo! No puedes tomar tus cosas cuando se termina el juego.

ÉXITO ES UNA CUESTIÓN DE DESPRENDIMIENTO, NO ACUMULACIÓN...

Otro error común es la idea de que siempre tenemos que impresionar a los demás. De alguna manera se ha arraigado profundamente la idea de que si no dejamos una impresión significativa en los demás, perdemos puntos en el gran juego. Mucho de esto enlaza con la falacia anterior de que debemos tener éxito. Pero aparte de eso, hay razones aún más profundas para desear impresionar... y todas ellas nacen del miedo.

Tenemos miedo de estar solos, y hacemos lo que se necesite para mantener una amistad, una relación, una sociedad, o lo que sea. Y si perdemos todo eso, todas las formas positivas de compañerismo, iremos a las negativas sólo para recibir algo de atención de los demás. Meterse en problemas, alardear, ser odioso son todas formas negativa de obtener atención. ¿Ves cómo el miedo a estar solo nos impulsa a hacer lo que sea, con tal de evitar el vacío? {La cura para la soledad, recuerda, es ser consciente del vacío que crea, siente la sensación, y dejarlo pasar}

Es posible que desees cosas de otras personas: sexo, dinero, elogios, aprobación, el orgullo de ser visto con él o con ella. La lista continúa, pero lo que siempre permanece es el deseo de tener nuestra existencia validada por otros. Esto es una locura... porque existes y tienes valor, independientemente de lo piensen los demás. Déjame decirte una verdad que probablemente nunca has considerado: Estás encadenado a cualquier persona de la que deseas algo. En otras palabras, te controlan. Por el contrario puedes hacer, ser, o decir lo que quieras a alguien de quien nada quieres. Eres libre. ¡Piénsalo!

Ve cómo te sientes cuando estás en presencia de alguien de quien quieres algo. Entonces mira cómo te sientes cuando estás en presencia de alguien de quien no quieres nada. ¿Cuando estás más tranquilo y natural - simplemente siendo tu mismo?

Entonces, ¿cuál es el remedio contra tratar de impresionar a los demás? Primero recuerda, eres independiente de los demás... el Universo te apoyará (si lo permites), independientemente de lo que pienses que necesitas de los demás. A continuación, observa lo fácil que es dejar que otras personas te digan cómo te sientes. Un comentario sarcástico, una cara agria, o un gesto con los ojos, hace que te preguntes lo que están pensando de ti, y siempre te hace sentir mal. ¿Por qué sufrir por su necedad? Déjalo ir... Y, por último, ve lo poco natural que se sienten y actúan (ponen falsas caras) cuando se acercan a los demás. Pregúntate: "¿Por qué cambiar?" "¿Qué quiero de esta persona que me hace actuar antinatural?" Si quieres un buen ejemplo de cómo una persona espiritual maneja la presión social y la influencia de los demás, recuerda esto: "¿Qué le importa al águila, lo que las criaturas terrestres piensan de él?" Cuando eres real, no hay necesidad de ser impresionante...viene con el territorio.

Capítulo Ocho: Auto-Transformación

(Disolución del Falso Yo)

Esto nos lleva a la parte más importante de nuestro trabajo. La auto-transformación es el proceso de desprendimiento del ego o falso yo. Para lograr esta hazaña y reclamar el premio no puedes "resistirte" al ego, no puedes "negar" el ego, y no puedes simplemente "desear" que se vaya. La única cosa que puedes hacer es procesarlo (integrarlo) de nuevo en la plenitud de tu ser. Al simplemente eliminar su fuente de energía, esencialmente se disuelven de nuevo en su esencia.

Hasta este punto en tu vida te has identificado con el falso yo. Ha sido el único que has conocido. Ahora puedes ver que hay otra opción. Tienes un yo transicional que es un maestro alquimista, un aliado y un amigo. El solo tiene el poder de disolver el Ego y devolverte a tu verdadero yo.

El Testigo Invisible es tu boleto a casa. Al igual que el Ego, que no es tu verdadero Yo. Es una proyección de tu verdadera esencia, una herramienta o un instrumento útil, y puesto que tu naturaleza es la conciencia equilibrada, está más cerca de tu verdadero Yo. Si vas a entrar en este aspecto de ti mismo, estarás más cerca de casa que nunca. De eso se trata la transformación.

El poder de transformación del testigo, está en el presente. Has oído esta expresión antes: "El poder está en el presente." Pero, ¿realmente entiendes el significado de esto?

Puedes entender ahora que la memoria del pasado y la imaginación del futuro son ilusiones. El único lugar donde están sucediendo es en tu cabeza, ¡pero ahora es el único lugar que está anclado a la realidad! Lo que sucede en el ahora es lo que está sucediendo en la realidad. Lo que sucede en realidad es la verdad (hecho) Cuando estás "perdido en tus pensamientos" del pasado o del futuro, estas, de hecho, todavía en el ahora - pero perdido en una ilusión. ¿Queda Claro?

La gente dice que el pasado tiene un poder sobre ellos... otros dicen que el futuro tiene el poder. ¿No ves que estos dos conceptos están equivocados? El pasado es una colección de recuerdos almacenados que obtienen su energía a través de ti (en el presente). El futuro es una proyección imaginaria, basada en los recuerdos almacenados, que obtienen su energía a través de ti (en el presente). Entonces, ¿dónde está el poder? Donde siempre estuvo: ¡en el Presente! El verdadero yo reside en el Ahora.

Si sólo vives tu vida en el presente, como un niño vive y juega en el presente, re-descubrirás la maravilla y el asombro de la vida real - y el poder abundante disponible para todos los que juegan allí. Y hay más que suficiente energía para todo el mundo. ¿Pensarías que el sol brilla más para algunas personas que para otras? Brilla en abundancia para todos.

En esta lección queremos centrarnos en la Transformación, y quiero darte las técnicas más poderosas para ayudar a lograr la transformación definitiva: la disolución del falso yo.

❖ Las dos primeras técnicas tienen que ver con la conciencia del tiempo, o la conciencia del momento. Ahora te das cuenta de la importancia del momento presente, te das cuenta de que es la fuente de todo poder, y te das cuenta de que cuanto más tiempo puedas permanecer "alineado" con el momento, más te vas a transformar a ti mismo y a tu mundo. Por lo tanto, tu primera tarea es ser consciente de tantos momentos de tu día como te sea posible. Probablemente, al principio, solo tendrás éxito un par de veces, luego más y más, a medida que te vuelves más hábil. Cada momento de la conciencia será como una sola perla. Tu trabajo consiste en encadenar tantas perlas como se pueda, entonces tendrás una cadena ininterrumpida - ¡y una nueva conciencia!

Para ello, en primer lugar debes recordar que debes dejar entrar al Testigo. Observa dónde se encuentra y lo que está haciendo. No critiques o juzgues sus acciones, simplemente observa. Como una señal especial para recordarte a ti mismo, utiliza esto: SE CONSIENTE cuando te sientas MOLESTO, ENOJADO o NERVIOSO. Entonces pregúntate, "¿Dónde estoy y qué estoy haciendo (o pensando)?"

Eso es todo lo que tienes que hacer al principio. Pero date cuenta que estás observando al falso yo. ¡Sólo el falso yo se siente herido! Recuerda tu propósito: estás

"Domando al tigre" de la mente y la disolución del ego. Podríamos llamar a la técnica anterior, "armar el collar de perlas negras." Y chicos, si esto se les hace incómodo, piensen en él como una "cadena de chamán de cuentas de energía."

La Técnica siguiente: "armar el collar de perlas blancas." Después de un poco de práctica con la técnica anterior, tal vez después de una semana o algo así, añade ésta también. Todavía estamos practicando la conciencia del momento. Pero con este aspecto de la técnica, queremos llegar a ser conscientes de los momentos que decidimos deliberadamente. Esta es una especie de "meditación del despertar."

Durante algunos momentos de tu día deliberadamente trata de ser consciente del momento. Entra en la conciencia del testigo y simplemente observa. ¿Dónde estás? ¿Qué estás haciendo? Que sea en un ambiente espontáneo, simplemente haciendo lo que estés haciendo. Te recuerdo, no juzgues tus acciones como buenas o malas. Observa. Los momentos más mundanos son probablemente los mejores... como mientras tiendes la cama, arreglas el jardín, hablas por teléfono, vas manejando en tu caro. Escoge las partes rutinarias de tu día que por lo general pasan desapercibidas. Después de que te hayas vuelto competente para despertar a las partes rutinarias de tu día, también incluye momentos que son juguetones y alegres, vivos o serenos. Todos estos son momentos "perlas blancas " que deseas encadenar.

Pon atención a las dos técnicas anteriores- estás reuniendo la energía y la estabilización de tu conciencia dentro del testigo. ¡Estas son cosas muy poderosas!

❖ El siguiente ejercicio de transformación trata con el

pensamiento. ¿Alguna vez has tenido un problema o una preocupación que tu mente no quiere dejar ir? Parece que no importa cuánto trates de pensar en otra cosa, este "invasor" sigue volviendo a drenar tu energía y robar tu concentración mental. Da vueltas y vueltas y roba tu concentración (como un perro persiguiendo su cola) y luego regresa de nuevo a partir de una nueva dirección o perspectiva. ¡Qué plaga! ¿Qué se puede hacer para romper la molestia? ¿Y qué tiene esto que ver con la transformación?

Respondiendo a la última pregunta, la transformación es un proceso de limpiar la mente. Mientras el falso yo tiene vía libre para ejecutar su dominio mental, tú estás todavía en la niebla, todavía en un estado de hipnosis forzada. El "invasor" es, por supuesto, causado por nuestro viejo enemigo, el falso yo. Este es uno de sus trucos diseñados para robar tu energía y mantenerte ocupado en una búsqueda inútil. Debes luchar para recuperar el poder y hacerte cargo de tu propia mente.

Ahora, ¿qué puedes hacer para romper esta influencia? Simplemente deja de alimentarla y darle energía con tu preciada atención. ¡Deja de Pensar! Tomate un receso de cinco minutos, busca un lugar tranquilo, y convierte tu mente en un cáliz vacío. "Sólo un cáliz vacío se puede llenar." Vas a vaciar el contenido viejo y rellenarlo con energías refrescantes de claridad y pureza. A menos de que hayas pasado largas horas practicando la meditación, esto puede ser algo difícil al principio. Cuando en un principio aquietas la mente, otros pensamientos, problemas y/o preocupaciones pueden tratar de inmiscuirse también. Solo se consciente de que ellos están tratando de distraerte y niégales la admisión con absoluta autoridad. Aquí está el secreto:

DETEN TODO PENSAMIENTO.

MANTEN TU INTENCIÓN DE HACERLO.

EN SU LUGAR, VUELVE TU CONCENTRACIÓN A LOS SENTIMIENTOS.

Toma conciencia de las sensaciones de tu cuerpo. O la sensación de la energía sutil que corre por tu cuerpo. O simplemente siente que respiras. ¡Siente, no pienses! Conviértete en un recipiente vacío...

A los cinco minutos se resolverá tu mente, y ¡será tuya de nuevo!

- ❖ Prosiguiendo con la siguiente técnica de transformación, volvemos al concepto de no-resistencia. No me gusta el uso de esta frase, debido a su origen obvio, pero "no se resista al mal" puede ayudar a obtener una mejor comprensión de este. En nuestro trabajo de transformación es absolutamente necesario que adoptemos esta actitud de no luchar con el mundo exterior. Tienes que darte cuenta de que tu lucha con el exterior es un símbolo y reflejo de tu lucha con los elementos internos que te molestan. Asimismo, recuerda que el símbolo externo con el que luchas es una clave de lo que estás resistiendo o luchando dentro de ti.

Ejemplo: Supón que luchas diariamente con otras personas. Te encuentras criticando su estupidez, su ego, y acciones egoístas. Esto lo haces en silencio, hablando solo. (Por cierto ¿quien sufre y sale más perjudicado, tu o ellos?) Esta es una lucha muy natural para aquellos en el camino espiritual, comenzando a despertar. A medida que se vuelven más conscientes de la Verdad, se hace difícil de tolerar la mezquindad y la falta de pensamiento racional en otros. Está bien si ves estas cosas en otros sin crítica, como hechos meramente objetivos. Pero en su mayoría estás "proyectando" tu propia lucha interna en los que te rodean. Esto está bien también, si te das cuenta de que estás "proyectando" en lugar de observando. Es todo para aprendizaje. Pero, ¿qué estás tratando de decirte a ti mismo acerca de ti mismo? Tu lucha es con tu propio Ego. Esta no es la manera de hacer que se vaya, porque energizas a lo que te resistes.

¿Contra qué otras cosas luchas comúnmente? ¿Acaso es la fama, fortuna, popularidad? ¿O quizá el tiempo, negocios, éxito? ¿Será el amor, afecto, romance? ¿La vejez, verte bien, la obsesión con la salud? Echa un vistazo de cerca a estas preocupaciones cotidianas comunes. Me pregunto, ¿qué es lo que todos estos tienen en común? EGO.

La solución a todos estos problemas, preocupaciones y luchas viene de un nivel más alto. No te resistas. Vive en el momento. Detén todo pensamiento. Confía. Cuando haces esto algo mágico sucede porque confías la solución definitiva a un nivel superior, uno por encima de lo ordinario. Antes sólo confiabas en lo que tú pensabas, de tu propia mente condicionada. Las soluciones de un nivel más alto vendrán a ti pero tienes que ser paciente, y debes confiar. ¡Este es un secreto que debes guardar bien!

Una vez más, te puedes preguntar: "¿Qué tiene esto que ver con la transformación?" Dejar de luchar con tu Falso Yo y podrás ver-

- Esta es una técnica que encontré por accidente - aunque realmente no hay accidentes - mientras practicaba una forma de la meditación " sentirse bien." Por esa razón, la vamos a llamar la técnica "sentirse bien". Te llevará a un lugar de energía de alta intensidad que por su propia naturaleza es transformadora.

En primer lugar - aquí hay un concepto mental para que entiendas. Se muy claro en esto: el pensamiento consciente es tan diferente de la conciencia como la sal es del azúcar. Son dos estados totalmente diferentes. Dado que te identificas en su mayoría con tu pensamiento, concluyes que tu pensamiento y conciencia son la misma cosa. Pero no lo son. El pensamiento pertenece a un nivel inferior que el nivel del plano material. La conciencia sin embargo pertenece al yo superior en niveles por encima del plano material.

Para ser Consciente en el verdadero sentido, todo pensamiento se debe detener. Te "sientes" a ti mismo en el momento en que "percibes" las señales qué vienen tanto del exterior, como del interior. En otras palabras, tienes un fuerte sentido de tu persona , estas en el aquí y ahora, y al mismo tiempo estás en sintonía y sensible a todo lo que está sucediendo dentro y fuera. El estado puro es difícil de describir con palabras, pero es un poco como despertarse por la noche después de escuchar un ruido en la casa que perturba tu sueño, y escuchar con todos los sentidos enfocados poniendo mucha atención al más mínimo ruido o sonido fuera de lugar. La conciencia pura es aquel estado de alerta, pero sin la alarma y tensión del ejemplo anterior.

Al igual que con la técnica de detención del

pensamiento, haz una pausa de al menos cinco minutos o más donde puedas estar solo, sin ser molestado. Haz que tu mente sea un cáliz vacío deteniendo todo pensamiento. Sólo siente a ti mismo en el momento, sin ningún pensamiento. Poco a poco te darás cuenta de un fuerte sentido de ti mismo. Debes estar al tanto de todo, tanto dentro como fuera. Ahora date cuenta de que en la parte más pura y verdadera de ti hay un "punto optimo", como los golfistas y los bateadores de béisbol se refieren a ese lugar donde la pelota, el club, y la persona se convierten en uno. En cada persona hay un lugar que se siente bien, se siente equilibrado, se siente que es correcto. Sin pensarlo, utiliza tu sentido de percepción para buscar este lugar. Cuando estés en armonía con ese lugar no habrá duda. Se sentirá como un rapto, seducción, felicidad, o sensualidad. Mantén el poder de tu plena conciencia y deja que se expanda. ¡Recuerda regresar a este mundo!

❖ Otro ejercicio de Transformación viene de las enseñanzas de Don Juan de Carlos Castañeda. Lo he encontrado muy eficaz para poner las cosas en la perspectiva correcta, mientras se mantiene como prioridad la urgencia del momento. Se le llama "hacer de la muerte un aliado." Funciona de esta manera: Imagínate que te acaban de decir que te queda menos de una semana de vida. ¿Cómo vivirías tus últimos días?

La mayoría se sentirán sorprendidos y se esconderán en un caparazón a esperar que llegue el final, lo mismo que hacen día a día. Estas desafortunadas personas están tan traumatizadas con la vida de todos modos - se afanan a través de cada día en un sueño hipnótico – que no mucho iba a cambiar para ellos de todos modos. Algunos de ellos, sin embargo, puede que finalmente entiendan el punto y salgan a la luz.

La mayoría de nosotros, sin embargo, las almas espirituales, entraríamos en un estado cercano a la iluminación. Sabiendo que el final se acerca, haríamos un cambio mental, alteraríamos rápidamente nuestras vidas, y cambiaríamos nuestra perspectiva. De repente sabemos cuáles son nuestras prioridades: lo que es más importante y en qué orden. Nos volvemos "claros" acerca de nosotros mismos y dejamos de preocuparnos por cuestiones inútiles.

Es útil practicar este ejercicio cuando nos encontramos confundidos y demasiado agobiados por las demandas "artificiales" de la vida. Sacude al falso yo fuera del camino para que la luz de la razón puede prevalecer. Esta es sólo otra herramienta para liberarnos de la tiranía de un punto de vista artificial.

La lección aquí es vivir cada día como si fuera el último, porque un día lo será.

- ❖ Ahora llegamos a una de las técnicas más práctica y fácil de llevar a cabo de las que he encontrado. Es fácil de recordar y fácil de utilizar en tu vida cotidiana, pero al mismo tiempo es una fuente inagotable de energía para el cambio y la transformación.

¿Cuántas veces al día te encuentras literalmente teniendo fricciones con la realidad? Para todos, pero la mente espiritual que es exactamente lo que hace la mayoría. Y eso es exactamente el por qué estás tan agotado al final del día. Aquí hay dos pequeñas palabras que quiero que recuerdes:

¡RECONOCER Y ACEPTAR!

Estas pueden hacer magia si te acuerdas de aplicarlas cada vez que te sientas estresado o te estés resistiendo a algo. Déjame explicarme. Cuando encuentres resistencia de algún tipo, en primer lugar "reconoce" qué es. (Es lo que es, evita etiquetarlo como malo.) Esto suena simple, pero te sorprendería la cantidad de cosas incómodas simplemente ignoras y suprimidas. El falso yo es muy astuto en ocultar nuestras heridas, dejando que se formen en el interior, hasta que un día la supuración se manifieste en un problema. ¡No dejes que esto suceda! siempre ve y reconoce lo que te lastima o activa el antiguo truco de la supresión. Además al reconocer un problema te alía con la Verdad, con la realidad. Recuerda mantenerte firme, sentir los sentimientos, ver tus reacciones...puedes estar de pie en el vacío, pero recuerda, la Verdad es el aliado más fuerte.

La segunda parte de la fórmula consiste en "aceptar". ¿Te suena conocida esta palabra? Debería, porque este es un pariente cercano de "permitir". Mediante la aceptación de "lo que es" permites que sea, sin condición o juicio. Y aquí es donde empieza la magia de la transformación real. Al negarse a luchar, resistirte, oponerte, o negarte - te vuelves indiferente a su alcance para atormentarte.

¡Lo que te es indiferente, no tiene poder para afectarte!

A modo de ejemplo, supongamos que acabas de descubrir que no te han dado el ascenso que estabas esperando. Esto probablemente sería una situación muy estresante, algo con lo que normalmente lucharías, te resistirías, y tratar de asignar culpa. ¡No hagas eso! Recuerda que eres una persona espiritual en el camino dorado y te niegas a actuar como todo el mundo lo haría.

Reconoce el hecho: No conseguiste el trabajo que

esperaba, y sientes un brote temporal de ira. Bien, no hay problema. Es lo que es... Me niego a etiquetarlo como "malo"... y me niego a ocultar el dolor. Obvio, mi ego se ha magullado - pero bueno, ¡lo que hiere al ego es bueno para el verdadero yo! fue una lección que tenía que aprender, por eso la atraje. Uno para mí, uno menos para el ego.

¿Lo ves? Sólo habla contigo mismo. Convierte un limón en limonada. ¡Tú ganas!

Ahora puedes aceptar lo que es. Permitir que sea, sin condiciones, sin juicios, sin excusas. Tu indiferencia hacia su lado negativo ha neutralizado su poder para afectarte. Avanza tres pasos en el camino dorado. Acabas de "transformar" una gran cantidad de sentimientos antiguos que te han atormentado durante años. Estaban agrupados y atraían inferioridad.

- ❖ Y finalmente para esta lección, vamos a considerar un tema que es cercano y querido para todos. Se llama rejuvenecimiento físico, la búsqueda de la fuente de la juventud. Has escuchado la frase, "La juventud se desperdicia en los jóvenes." Tan verdadero. Ellos tiene toda la vitalidad, energía y entusiasmo, pero carecen de la sabiduría para aprovechar al máximo su vida. Ellos toman el don de la juventud por sentado. Esta es otra de las paradojas de la vida física que parece totalmente al revés. Pero la solución a cualquier paradoja física se encuentra en el nivel espiritual.

Recordarás que hay un orden natural para las cosas, una continuidad. Las cosas fluyen del interior al exterior... del pensamiento y la imaginación a la acción... de la conciencia al nivel físico. Cuando se trabaja con la transformación, el mismo orden debe respetarse. Has oído hablar antes de que "la juventud es un estado de la mente." Bueno, empieza por ahí. Todos hemos conocido a personas que en sus años setenta y ochenta todavía eran ágiles, alertas y llenos de energía. Nos preguntamos si tenían un secreto. Pero no, dudo que ni siquiera ellos supieran lo que los mantuvo jóvenes. Lo ves, estaban demasiado ocupados disfrutando de la vida para estar preocupados. Y eso en sí mismo es el secreto para permanecer joven - ser indiferente a la vejez (despreocupado).

Los que luchan y maldicen al acercarse a la vejez sólo aceleran el proceso. La vanidad del falso yo es otro de sus mecanismos autodestructivos. Se consciente de esto. Bien, dices, está muy bien saber cómo se apresura el proceso de envejecimiento. Pero ¿hay alguna manera de revertir el envejecimiento que mi cuerpo ya ha sufrido y recuperar ese cuerpo delgado, flexible y vigoroso que una vez tuve? Hace treinta años yo habría dicho, no.

Hoy en día vivimos en una época de grandes cambios. Hay una aceleración de las energías en el planeta que no se han producido aquí desde la última vez que la conciencia humana saltó a otro nivel. Hace treinta o cuarenta mil años, nuestros ancestros, los Neandertales, apenas se ponían de pie. Eran feos y peludos, de huesos grandes, apenas consciente y con un grave retraso mental. Pero algo ocurrió, que todavía tiene perplejos a nuestros científicos, algo que provocó una transformación gloriosa de esta fea criatura. De repente, una nueva criatura salió de la antigua. Se puso de pie en posición vertical, estaba muy bien proporcionado y sin pelo. Pero lo más increíble, tenía una inteligencia notablemente diferente a cualquier otra especie en la tierra. Este nuevo hombre fue llamado Cro-

Magnon y nuestros científicos todavía están debatiendo cómo pudo haber ocurrido esta milagrosa evolución en tan corto tiempo. Creo que otra aceleración de la conciencia humana se acerca rápidamente a la manifestación física. Estamos a punto de evolucionar de nuevo en una especie aún más sorprendente - con una mayor conciencia y un cuerpo a la altura de esa conciencia.

Así que ya ves por qué creo que el rejuvenecimiento total de la mente y el cuerpo son ahora reales posibilidades. Pero no para todos. Hay algunos entre nosotros cuyo pensamiento y el desarrollo espiritual está todavía atrasado. Debido a que no han hecho nada para avanzar en su esencia, su conciencia, no van a ser parte de esta transformación gloriosa de la especie. Esto no es una creencia elitista sino una declaración de hecho. Mira a tu alrededor, habrá muy pocos que realmente van a hacer esta transición. La arqueología ha descubierto que, en aquel entonces, las dos especies habían convivido juntas durante bastante tiempo antes de que las especies inferiores (Neanderthal) comenzaran a desaparecer. Lo mismo ocurrirá en este momento de transformación de la conciencia.

Esta información es una pequeña digresión, así que vamos a dejar este tema por el momento y volver a él en otra lección. Lo que quiero destacar es que vivimos en un entorno de posibilidades insospechadas, y energías transformadoras que podemos utilizar a voluntad. Revertir el envejecimiento es posible, pero requiere en primer lugar la creencia del mismo. Como siempre, se debe seguir el orden natural de interior a exterior. Si el rejuvenecimiento de tu cuerpo físico actual es una prioridad, entonces por todos los medios "haz lo que se siente bien."

Capítulo Nueve: "Entidades Temporalmente Interconectadas"

(DESENTRAÑANDO MÁS A FONDO EL VERDADERO YO)

Para volver a declarar la apertura de nuestra última lección: la transformación del yo es el proceso de separarse del Ego o Falso Yo. Para lograr esta hazaña y reclamar el premio no puedes "resistirte" al ego, no te puedes "negar" el ego, y no puedes simplemente "desear" que se vaya. La única cosa que puedes hacer es procesarlo (integrarlo) de nuevo en la plenitud de tu ser. Al simplemente eliminar su fuente de energía, esencialmente se disuelven de nuevo en su esencia.

Quiero continuar el trabajo del capítulo anterior, proporcionando más información sobre el funcionamiento y la estructura del falso yo, y proporcionar un proceso secreto exclusivo. Mientras más nos familiarizamos con este artero y engañoso "apego" a nuestra mente, mejor equipados estaremos para desactivar su estructura y disolverlo para convertirlo en nada.

Para aquellos de ustedes que estudiaron o hayan podido leer los primeros trabajos canalizados de Seth (El material de Seth, etc) se les hará familiar esto. La filosofía de Seth trata, con lo que él llama, "Aspectos" de la personalidad. Estos fueron vistos como facetas individuales de toda la personalidad de una persona; cada uno tenía una exclusiva identidad de las otras facetas; y cada uno tenía la capacidad de "hacerse cargo" sin ser notado. Esto es similar al síndrome de personalidad múltiple del que a menudo escuchamos hablar, pero es sorprendentemente, común en todos nosotros.

Cada uno de estos aspectos tenían un rasgo dominante, como la ira o la timidez, agresivo o pasivo, extrovertido o introvertido, deportivo o cerebral, (e incluso los rasgos más básicos como la venganza, el orgullo, el engaño, la crianza, compasión, servicial, etc.)... Pero el rasgo que aparece en un momento dado, define al individuo en ese momento. ¿Alguna vez has visto a un amigo convertirse en otra persona completamente diferente frente a tus ojos? Cada aspecto, como se puede ver, tiene su contrario - y estos opuestos están constantemente en conflicto dentro de la personalidad. El continuo conflicto en el interior hace de la mente un campo de batalla de las influencias de la competencia. Y es por eso que la gente se siente ansiosa o tensa sin saber muy bien por qué.

Seth dio a entender que estos rasgos o temperamentos individuales fueron la estructura de la personalidad dominante de una de las encarnaciones anteriores de ese alma... que un alma velaba por estas partes individuales, la supervisión de su crecimiento continuo, y fue el depósito de sus historias e identidades separadas. Esta filosofía introdujo algunos de nuestros conceptos favoritos como:

almas gemelas, almas de grupo, y las almas individuales conectados a un almacomún. En otras palabras, no eres sólo un alma, sino parte de una familia de almas, como las ramas de un árbol. Algunas almas estaban destinadas a aventurarse y llegar a ser almas independientes (como la entidad soberana, en el sitio *WingMakers*).

Pero volvamos a la estructura de la personalidad individual - Estos aspectos separados son como satélites que giran alrededor de un cuerpo principal, la mente, a la espera de una oportunidad o condición apropiada para pasar a la acción. Ejemplo: Supongamos que vas de camino al trabajo por la mañana, ocupándote de tus asuntos, pensando en las cosas que tienes que hacer en el trabajo. Este es un *aspecto*, por cierto, mientras conduces. Se ha acondicionado a través de muchos años de experiencias manejando, esta habilidad de manejar mientras que otra parte de ti planea el día. Ahora, de repente, otro conductor pasa corriendo a un lado de ti, te hace una seña obscena, y se mete en tu carril - tan forzado que tienes que frenar y te patinas hacia los lados. ¿Qué pasa contigo?

Tienes una reacción horrible y un repentino cambio de personalidad. En el momento de la reacción otro aspecto salta en el asiento del conductor. Te invaden emociones de ira y venganza. Si pudieras dar un paso atrás y observarte a ti mismo (que es exactamente lo que debes hacer) presenciarías a un hombre loco y salvaje que toca el claxon excesivamente, haciendo señas obscenas, y pronunciando palabras amenazantes al malhechor de adelante. Ahora, según el grado de tu enojo, o del despertar de tu verdadero yo en ese momento, el incidente puede escalar o disiparse. Este es un ejemplo extremo, por supuesto, pero uno en el que se puede identificar fácilmente el cambio dramático. Otros cambios sin embargo son más sutiles y menos perceptibles. Pero ocurren y es tu responsabilidad atraparlos en el acto. Cada vez que lo hagas, hay un poco de alejamiento (por la luz de la conciencia) a este aspecto inmaduro - y uno más general para el Falso Yo como un conjunto.

Puedes ver que el Falso Yo, en sus trucos sin fin, está tratando de imitar la realidad de los planos espirituales. Esta es su propia forma de "desinformación" que es empleada tan a menudo, con eficacia, por las agencias de inteligencia del gobierno: es decir, mezclar un poco de verdad con una gran cantidad de ficción y de alguna manera toda la farsa es aceptada más fácilmente como hecho. Al establecerse en tu mente como un alma superior con muchas caras (aspectos), que pretende ser la autoridad suprema de tu propio mundo psicológico. Por otra parte, tu, sin saberlo te "identificas" con su falsa vida y cada una de sus personalidades artificiales. La transición de un aspecto falso a otro es tan suave y convincente, que crees que es una misma persona (la Singularidad) con cada cambio. Pero no lo eres. El Verdadero Yo se pierde en la niebla del pensamiento y de la emoción, proporcionada por cada aspecto falso. La ironía es, todo es tu propia energía, que has dado para ayudarte a engañarte. En esencia, ¡estás dormido al volante!

Me gustaría darte una ayuda mental para recordar lo que un aspecto realmente es: ASPECTO o ASPE (CT). Vamos a romper la palabra en sus partes básicas:

A: Adjunto
S: Separado

P: Personalidad
E: Entidad
C: Condicionada
T: Temporal

Excelente libro de Guy Finley sobre este mismo tema, "The Intimate Enemy", llama a estos aspectos problemáticos PTAC. Esto significa persona temporalmente a cargo. Sus vidas en verdad son temporales y están desapareciendo, duran sólo mientras la condición o circunstancia que los provocó persiste... luego otro PTAC lo reemplaza, respondiendo a su propia llamada desde el mundo exterior. Mientras que un temporal específico se encuentra a cargo, tiene muy poca memoria de los otros a quienes ha reemplazado, ni de sus intenciones o deseos específicos. Cada uno es un ego en sí mismo.

Aquí es donde comienza el conflicto interno. Cada uno de estos aspectos temporales parece tener una agenda propia. Como ejemplo supongamos que se descubre - ya sea a través de la observación de otro o por la observación personal - que has subido un poco de peso y, obviamente, te aleja de tu imagen ideal. Esta circunstancia (la conciencia de tu condición de sobrepeso) señala al "aspecto imagen ideal" para que responda. Un cambio inadvertido ocurre y un abrumador deseo repentino invade tu atmósfera psicológica. ¡Debes bajar de peso! Buscas en libros de dieta una que piensas, podría funcionar; consideras un nuevo régimen de ejercicio; ves las revistas, considerando un nuevo guardarropa para el nuevo tu mientras contemplas a todas esas modelos delgadas. Te lo prometes a ti mismo, "Esta vez voy a dedicar todas mis energías en verme bien, comer bien, y sentirme bien conmigo mismo otra vez."

El Teléfono suena. Una amiga te llama. Te dice que hay un nuevo restaurante en el centro comercial del que todo el mundo habla. "Vamos", insiste, "¿qué más tienes que hacer hoy? He oído que es un lugar de reunión para solteros también." Esta circunstancia suscita otro aspecto - La Nancy divertida. A ella no podría importarle menos como se ve - ya que está convencida de que se ve muy bien. Las únicas cosas que ocupan su mente son comer, beber, flirtear y ser feliz. Así que te vas al centro comercial. Nancy entra. Bertha sale. Y también se van las intenciones firmes de Bertha * señoras, esto es solamente un ejemplo sencillo con el que todo el mundo puede relacionarse. Hay un MONTÓN de chicos con este problema también.

He aquí una historia de Guy Finley, que se encuentra en su libro, "The Intimate Enemy." La historia trata sobre un incidente que observó en un restaurante. "En esta ocasión, Guy observó a tres hombres que cenaban en una mesa cercana, ocupados con chismes y presumiendo de sí mismos. Uno de los hombres, que hacia todo lo posible para monopolizar la conversación, se jactó de lo bien que iba su vida. Cuando el camarero les preguntó si quería pedir una bebida, afirmó hipócritamente a sus amigos que había superado su problema con la bebida y no bebía más. Después de que la cena terminara, los otros dos hombres se fueron, dejando atrás al que había estado haciendo la mayor parte de la conversación. A los pocos minutos un cuarto hombre entró y se unió a él, quien ahora parecía sufrir un cambio drástico. Este hombre, que momentos antes había parecido tan despreocupada, ahora procedió a relatar tristemente algunos acontecimientos dolorosos de su pasado. Y continuó hablando sobre sus dificultades, ese mismo hombre que esa misma tarde había proclamado al primer grupo que ya no bebía, ¡ahora ordenó varias bebidas! Era como si él no recordara quien había sido momentos antes. En realidad se había convertido en una persona diferente en el lapso de menos de cinco minutos.

"Guy explicó... Ninguno de nosotros es una persona totalmente singular. Más bien, cada uno de nosotros somos una pluralidad, compuesto de muchos seres, pero convencidos de que somos una singularidad. En cualquier momento un Yo diferente puede subir al escenario, y mientras reina cree plenamente que es la persona real, completa. Pero, de hecho, ninguno de estos es real. Cada uno es no más que la creación de una conjunción temporal de condiciones... De un momento a otro nuestros valores y deseos pueden cambiar, dependiendo de qué PTAC esté a cargo...

"Mientras cada uno de estos seres secretos intenta demostrar que es permanente y real, necesariamente entra en conflicto con otras contradicciones. Sin embargo, cada PTAC permanece ignorante de la existencia de los otros. Como resultado, la división dentro de nuestro ser se vuelve más profunda y da lugar a molestias más inconsciente. "Fin de las cita de Guy.

Puedes ver a lo que te enfrentas; parece que la cubierta está totalmente cargada contra ti. No sólo hay que monitorear y mantener bajo control al Falso Yo, ¡hay muchos! Sé que estás pensando que la tarea parece insuperable, así que ¿por qué molestarte? La buena noticia es - ahora tienes la sartén por el mango porque eres **consciente** de los trucos y engaños de Falso Yo. Todos esos cambios de vestuario (a diferentes personalidades) son sólo una distracción para mantener tu mente ocupada con diferentes deseos y pensamientos y emociones asociadas. Al saber esto, y siendo consciente cada vez que ocurre un cambio de personalidad, aceleras el proceso de disolución de toda la estructura falsa. Así que no te desanimes por la tarea que te espera, siéntete motivado.

Hay un punto más que me gustaría hacer antes de cerrar este tema. Ahora tienes una razón para perdonar a todas esas personas - familia, amigos, socios, enemigos - que te han hecho daño en el pasado. ¡Realmente no eran ellos! en su lugar, era una entidad artificial, un aspecto temporal, quien respondio a algo que tú hiciste. Y eso es todo lo que era, sólo una respuesta a una amenaza percibida, insulto, o juicio, apresuradamente hecha por uno de tus propios aspectos falsos. Tan simple como eso. Caso cerrado. Déjalo ir.

Capítulo Diez: La Meditación "Perfecta"

¿Alguna vez has tenido uno de esos días mágicos donde todo parece ir de acuerdo a tu plan? Oportunidades inesperadas cayeron a tus pies, y la gente-incluso los extraños te llenaron de atenciones poco comunes y elogios. Sabias que algo inusual y raro estaba pasando, pero que no sabías qué.

Al día siguiente, probablemente, las cosas volvieron a la normalidad y el sentido de la magia se fué. ¿Qué había ocurrido? ¿Era una broma cósmica cruel? ... ¿o era algo que, tal vez, podría ocurrir de nuevo?

Me inclino a creer que este estado encantado es un aspecto de un estado más grande de la conciencia que todos poseemos, pero por razones de fijación de la mente inferior a los asuntos terrenales, sin saberlo, lo bloqueamos. Bajo las condiciones adecuadas podemos dejar ir la fijación, liberar la mente superior, y poco a poco volver a aprender a mantener esta nueva conciencia y estado encantado de conciencia.

Esto se llama estar "en el flujo." También se ha

llamado "estar centrado". Un concepto mediterráneo milenario, conocido como la *baraka*, esto equivale a simplemente fluir con el río de la vida. Uno está ya sea dentro o fuera de la *baraka*. Cuando estás fuera, las cosas se dejan al azar y algunas cosas van según lo previsto. De acuerdo con el concepto, cuando dejas de tratar de hacer que las cosas sucedan y en su lugar permites la entrada de una más alta voluntad, que siempre estará encantado con el lugar donde aterriza. Montar la *baraka* es como una aventura, todo lo que encuentras es una lección personal, una perla de sabiduría permanente hecha para ti solo.

En pocas palabras, para ir con la corriente debes desprenderte de la mentalidad arraigada, de hacer que las cosas sucedan. En segundo lugar, tienes que confiar en Dios, el Universo, tu yo superior, o en lo que sea, como la fuente de tu vida-una fuerza benéfica que lo sabe todo, dispuesto y decidido a guiarte a tu mayor bien. Si puedes hacer una pausa varias veces al día, y recordar que debes dejar ir y confiar, vas a tomar el primer paso a la navegación del *baraka* mágico.

El siguiente paso sin embargo, es el más importante. Se trata de hacer una conexión, un canal, a esta fuente mayor de poder y sabiduría de guía. Para hacer esto debes aprender a meditar correctamente, o al menos con eficacia.

Hay personas que son excelentes meditando. Ellos puede centrar su mente en una sola idea y mantenerla sin fluctuar durante veinte minutos o más. Esta simple práctica tiene numerosos beneficios físicos y psicológicos, todos documentados y demostrados por estudios científicos. Eso está bien. Pero más allá de ser capaz de mantener un pensamiento prolongado, ¿qué otra cosa han logrado mentalmente o espiritualmente con esa maravillosa mente disciplinada? No mucho. También deben expandir los límites de este estado "sin pensamiento" y explorar los confines de la conciencia. Algunos pudieron haberlo hecho, pero el punto es que hay mucho más en la meditación que la fijación de pensamiento.

Recuerda estas dos verdades:

1. El propósito más básico de la meditación es elevar las vibraciones personales de uno mismo.
2. El propósito último de la meditación es conectarse con el ser superior, Dios, o la más alta voluntad.

Si meditas correctamente logras primero uno y luego el otro de estos dos objetivos.

Al elevar las vibraciones personales te vuelves casi invisible a los duros golpes de la vida cotidiana. Los problemas preocupantes y la negatividad parecen pasar a través de ti. Y si te tocan, es muy ligero.

Compara una bola de arcilla con una pluma. Ambas están sujetas a las mismas leyes físicas (gravedad, inercia, etc.). Déjalas caer desde un lugar alto y ve cómo la tierra (la vida física) reacciona a cada una de ellas. La bola salpica pero la pluma cae ligera. Una persona que medita regularmente eleva sus vibraciones y se vuelve como una pluma.

Una vez que has logrado elevar tus vibraciones por encima de un cierto nivel, otra ventaja se convierte instantáneamente en aparente. Un día, de repente, vas a lograr un espectacular avance a tu mente superior. Puede tomar muchas formas, pero la mayoría de la gente toma conciencia de una luz cegadora en su cabeza, una euforia de energía, y un sentido de noble presencia que rodea todo tu ser. Es una ocasión trascendental que nunca será olvidada, y desde ese momento vas a vivir una existencia casi encantada. Has sido tocado por los dioses.

Una vez conocí a un compañero, un cliente mío, que había leído decenas de libros sobre la auto-hipnosis, y había tratado los muchos experimentos descritos en esos libros. Iba por buen camino, me aseguró, pero necesitaba ayuda para ir más profundo. Quería establecer contacto firme con una "presencia más emocionante" que había descubierto dentro de sí mismo.

Como hipnoterapeuta me han hecho muchas peticiones extrañas, pero el entusiasmo de este hombre era tan fuera de lo común que sólo tenía que investigar más profundamente. Le pedí que me contara más.

Según él, había leído un libro nuevo acerca de estados expandidos de la hipnosis, y sugirió un ejercicio de auto-hipnosis que prometía un profundo estado de conciencia. Se requiere que la persona se siente en posición erguida y relajada, respire profundamente durante varios minutos, luego visualice el lugar más "perfecto" del mundo; debe ser un lugar aislado donde pueda ser totalmente libre y sin inhibiciones. La palabra clave de todo el procedimiento, sin embargo era "perfecto"... y él así lo hizo.

Empezó a imaginar su lugar perfecto: una isla aislada en un lejano mar, una hermosa playa, exuberantes palmeras y una rica vegetación, un arrecife rodeado de agua cristalina. Vio y se imaginó a sí mismo en un cuerpo perfecto, respirando el aire más fresco, más brillante. Mientras se concentraba, el mundo a su alrededor comenzó transformarse en una mundo de fantasía, de perfección extática.

Pronto la sensación de perfección parecía crecer y

expandirse, adquiriendo una vida propia.

¡Y entonces sucedió! Sintió un cambio ocurriendo en el interior, como si una parte de su mente hubiera cobrado vida. Hubo una oleada de emoción, un sentimiento de euforia abrumadora y una presencia perfecta se paró delante de él. Era la presencia más noble, amorosa que jamás había sentido. Un sentido emocional predominaba, era más una sensación que una imagen. Tras una duración de unos pocos segundos, se disolvió de nuevo en los éteres de donde vino.

Pero una obsesión permaneció mucho tiempo después de la experiencia. ¡Tenía que alcanzarla otra vez! Lo intentó varias veces más por su cuenta, pero no logró restablecer contacto. La culpa, pensó, era su incapacidad para relajarse completamente otra vez. Así que vino a mí.

Quería simplemente ser llevado de nuevo a la hipnosis, utilizando el procedimiento que había utilizado con éxito, y que se le diera algún consejo post-hipnótico que pudiera utilizar para, por sí mismo, volver a establecer la conexión con esa "presencia".

Lo hice por él, con éxito, y se fue feliz a casa. Una semana después me llamó para darme las gracias. Él dijo que todo estaba bien, que el procedimiento había funcionado muy bien, y que él se había conectado firmemente con esa parte de sí mismo que era tan amorosa y llena de energía. A pesar de que parecía tímido en relación a más detalles, yo sabía que su presencia sería una fuente de ayuda y orientación más allá de lo que yo podía ofrecer.

Pero sin saberlo, me había dado la semilla para una técnica que una y otra vez he utilizado con gran éxito para ayudar a otros a encontrar el flujo, el regocijo de su propia fuente de energía. Funciona, y yo voy a compartirla con ustedes.

Encuentra un tiempo y lugar donde puedas estar solo y permanece en reposo durante unos veinte minutos. Simplemente siéntate en algo cómodo. Mantén los pies en el suelo y siéntate con la espalda recta. Comienza a respirar adentro y afuera, agradable y lento. Llena tus pulmones profundamente. Haz esto por un minuto, o hasta que empieces a sentir la cabeza ligera. Será una sensación agradable y relajante.

¿Te acuerdas de cuando, de niño, podías jugar fácilmente juegos de "fingir?" Tu imaginación estaba tan llena de vida que podías creer en casi cualquier cosa, que así sea. Ese es exactamente el tipo de imaginación que quiero que utilices ahora. Haz que este ejercicio sea un divertido juego de niños.

Ahora mismo despega. Deja ir todos los problemas del día, todos los remolcadores en tu mente y conciencia, todas las cosas que no has hecho o debes hacer. Ve un viejo cofre, como el de un pirata, delante de ti. Coloca ahí todas las cosas importantes que traes en la mente y cierra la tapa. Aléjate.

Mira delante de ti una ventana brillante, un campo de fuerza de energía pulsante. Es un portal de energía en la red de tiempo, una puerta a una realidad/dimensión perfecta. Ve claramente con el ojo de tu mente, siente su energía vibrante brillante delante de ti. Haz de cuenta que es así, y ¡así será!

Ahora pásate al otro lado. Al pasar, una cosa muy peculiar sucede... te has transportado mágicamente al futuro, tu conciencia se ha transformado instantáneamente en tu yo ideal, totalmente evolucionado. Estás en paz contigo mismo y con tu dios, de hecho, te has convertido en tu propio dios, YO SOY la presencia. Tienes la libertad absoluta de hacer, ser, tener todo lo que puedas desear. Nada se te puede negar.

En esta realidad ideal, perfeccionada (que realmente existe por cierto) sentirá solamente emociones de placer, alegría y éxtasis. El dolor, la ira y la depresión simplemente no existen aquí; sólo existen en el mundo que dejaste atrás. Realmente siente e imagina - finge - que sientes toda esta alegría y placer burbujeando en tu interior, que brota de la fuente de cristal de tu ser interior más puro.

En este punto, en el ejercicio, el uso de la "intención" se vuelve muy importante. El viejo axioma de que "la energía sigue al pensamiento" se hace aún más pronunciado cuando se está en este estado de alerta. Dondequiera que centres tu mente, con clara intención, la mente irá y se sintonizará con el objeto de la intención. Trata de sintonizar tu mente a las emociones de alegría y placer... y pronto sentirás ese burbujeo saliendo realmente a la superficie.

El siguiente paso es detenerse en la idea de "la perfección." Intenta sentirla a tu alrededor. Ahora te encuentras en un lugar donde cada acontecimiento, cada circunstancia, y todo lo que encuentras es tan perfecto como Dios quiso que fuera. Una hoja nunca cae en el lugar equivocado, un grano de arena nunca está donde no debería estar. ¡Todo está en perfecto orden!

Entiende que sólo los pensamientos equivocados y creencias del hombre, en el mundo exterior, han introducido la única falta de armonía e imperfección que hay. En los mundos superiores, desconectados de ego y la incomprensión del hombre, no sólo existe lo puro y lo perfecto. Por eso se dice, "¡vivimos en una ilusión, un engaño hecho por el hombre!"

Pero nuestro verdadero hogar está en esta realidad perfecta, rodeado de la perfección que Dios mismo quiso para nosotros. Sepan esto y créanlo. También sabemos que este interpenetra (perfecta) la realidad y rodea nuestra (imperfecta) realidad y tiene una influencia sobre todo el mismo. Debido a esta influencia, todo está en un buen estado de cambio, ajustándose hacia la perfección. Este proceso continuo se llama Ley de Ajuste. Debemos tomar consuelo en esta Ley, porque no importa lo mal que se compliquen las cosas, siempre están siendo re-ajustadas hacia esta perfección que no se ve.

Ve y siente, con en el ojo de tu mente, esta gran ley de ajuste y corrección de todo, hasta el más mínimo detalle. Debes saber que puedes soltar y confiar, en cualquier momento, allá en el mundo imperfecto detrás de ti.

Por último, con este sentimiento de perfección absoluta que irradias de los poros de tu ser, da un paso atrás a través de la ventana dimensional, de vuelta a la realidad del universo físico. Siente el cambio de conciencia que se ha producido y estar seguro de que tú has agregado una nueva dimensión a tu conciencia global.

Encontrará útil revisar este procedimiento cada vez antes de intentarlo de nuevo. Tu mente se ajustará a cada parte, en una secuencia que sólo se entiende mientras más y más se incorpora, que retirará otras cosas que se pasaron por alto anteriormente.

Con el tiempo serás capaz de sintonizar "el flujo" a voluntad, con sólo pensar en ello-ya sea dentro o fuera del estado de meditación. Sin embargo, esto requerirá muchas repeticiones del ejercicio, para reforzar y fortalecer el efecto. Para entonces sólo tendrás que recordar la sensación para mantenerte a ti mismo en ese flujo. Y mientras lo haces se fortalece la conexión con tu ser superior y mantienes el flujo del Espíritu en tu vida y asuntos. ¡El estado "encantado" que siempre has anhelado será tuyo!

Por favor, no tomes este ejercicio a la ligera. Es muy potente y le debes dar prioridad en tu disciplina meditativa. Los resultados harán que valga la pena el esfuerzo.

En su libro, *Innersource*, Kathleen Vande Kieft describe una visión que tuvo durante un momento de iluminación cósmica:

"Mientras miraba hacia arriba me quedé sorprendida al ver que el techo se había disuelto, revelando el profundo cielo color azul zafiro por encima de mí y algunas nubes tenues. En ese momento me di cuenta de un mayor sentido de la realidad, donde cada color era brillante, cada línea distinta, y mi mente cristalina. En este estado de intensa claridad un concepto entró en mi mente, completa e intacta, revelando para mí la perfección del universo.

"Vi cómo la vida fue trazada en intrincado detalle, a una escala tan diminuta que era incomprensible. Cada movimiento, cada persona, cada hoja de cada árbol, cada situación, cada milisegundo, perfecta hasta el último detalle... Vi cómo todos los acontecimientos de la vida, entre ellos y sobre todo los más dolorosos, eran brillantes dones del espíritu... yo vi que la vida es planificada con tal perfección, se asemeja a la intrincada danza de la mosca más pequeña, con cada forma, cada movimiento, cada instante, avanzando con alucinante precisión".

Conclusión: La Verdad Personal

- ❖ Cada persona tiene una versión única de la verdad; es algo que cada uno debe descubrir por sí mismo; debe ser *vivido* para cumplir el destino individual. Todos tenemos nuestras propias lecciones que aprender y buscando nuestra propia verdad nos encontramos con lo que se necesita. "Para ti mismo, se verdad," es el conjunto de la ley.
- ❖ El descubrimiento de la verdad personal es un proceso continuo y es la búsqueda más importante en la vida de una persona. Se debe confiar en la guía interior como infalible para dirigirnos a lo largo del camino de la verdad. Lo que se siente bien es correcto; lo que se siente mal está mal (para ti). No dejes que la sociedad o religión interfieran con tu conciencia - cualquier cosa hecha por culpa o miedo está mal.
- ❖ La indulgencia exagerada debe evitarse, a pesar de que se siente bien al principio. Cualquier cosa con una desventaja obvia debe ser atemperada con la lógica, la conciencia y voluntad.

- Nunca juzgues a otro por vivir su verdad. En este vasto universo de libre albedrío, todo es permitido. No midas otro con tu versión de la verdad.
- Sirve a un sólo maestro: "Un hombre que sirve a otros sirve a unos pocos, pero el que vive su verdad sirve a toda la humanidad." (De un texto tibetano antiguo.)

EL VERDADERO YO:

- La identidad invisible u oculta - Ser Interior. Mientras estamos enfocados físicamente, actúa como nuestro ángel de la guarda. Siempre vigilante, todo lo sabe y protege, que nos ayudará con nuestros esfuerzos si es invitado. Siempre busca orientar, a través de las emociones, pero nunca interferir a menos que se le pida específicamente.
- El Ser Interior es un dios en sí mismo; que reside en un lugar de alegría pura y tiene poderes que son ilimitados. Como una proyección del verdadero Dios, que es nuestro vínculo con "Todo lo que es" y es nuestro propio pedazo de la divinidad. No se requiere ningún salvador o intermediario.
- El yo superior no está separado de nosotros, es nosotros. De hecho, es una parte tan integral, que sin ella no podríamos funcionar. Es nuestra conciencia y voluntad, y proporciona la fuerza de vida sobre la que existimos. Reside en el AHORA y se puede sentir a través de un "estado de sensación" carente de pensamiento.
- Para tener una idea de todo nuestro ser, hay dos aspectos a considerar: uno está oculto, el otro es visible. La parte oculta es universal (parte del "Todo lo

que es") es la verdadera esencia de la vida. La parte visible se centra en un tiempo y lugar específico; está aprendiendo lecciones, desarrollando carácter, y ofrece individualidad para todo el ser. Al morir, la parte visible se retira a una dimensión superior donde sigue la vida con menos limitaciones, aún haciendo y aprendiendo, pero en contacto más estrecho con su ser interior.

GUÍA INTERIOR:

- Una fuente continua de comunicación del Ser Interior que nos atrae infaliblemente hacia la verdad personal y el cumplimiento de nuestras intenciones. Se comunica a través de sentimientos y emociones; a veces a través de visiones, presagios, y manipulación de las percepciones físicas (o mentales).
- Dado que siempre estamos creando, la guía interior nos proporciona retroalimentación constante sobre si estamos o no creando lo que realmente queremos – ya sea que nuestras creaciones estén en una trayectoria positiva, o si estamos creando algo que no queremos. Si hemos de seguir la evolución de nuestros pensamientos, siempre transmite la idoneidad del actual pensamiento a lo que se quiere. Cuando nuestros pensamientos nos hacen sentir placer y nos elevan, estamos creando en una dirección positiva; cuando nos hacen sentir incómodos de alguna manera, o nos dan un sentido de descontento con nosotros mismos, estamos creando en una dirección negativa.
- Cada vez que nuestros sentimientos nos alertan que una creación no es correcta, debemos detener el tren

del pensamiento, dar un paso atrás y preguntarnos: "¿Qué es lo que quiero en lugar de eso?" Date cuenta que la guía interior te está diciendo que hay algo importante aquí - y es, probablemente, lo contrario de lo que estás pensando. Determina lo que es, luego concéntrate en eso hasta que la Ley de Atracción nos impulse hacia lo que deseamos. Cuando los sentimientos vuelven a ser positivos, generarán impulso en una dirección positiva.

❖ Para poder diferenciar entre interferencia de la conciencia y orientación de la verdadera guía interior, primero determina si tus sentimientos (que es el mensaje de lo alto) se inspiran en una sensación de miedo, culpa o duda. La conciencia siempre se guiará por una de estas tres emociones negativas. La guía interior, por el contrario, te impulsa con sentimientos de realización positiva - al igual que la "zanahoria en un palo." Nunca busca asustar o causar miedo.

CREATIVIDAD NATURAL:

❖ "Los pájaros vuelan, los peces nadan, el hombre crea," como dijo el abuelo. Es lo que el hombre hace de forma natural en el esquema de las cosas. La mayoría de las creaciones, sin embargo, se llevan a cabo sin el *conocimiento consciente* de sus creadores. Creamos ciegamente luego invertimos gran esfuerzo, en la acción, en respuesta a nuestras creaciones negativas. Siempre estamos conectados en el flujo creativo, siempre creando. Nuestros pensamientos y sus correspondientes sentimientos forman la realidad que experimentamos. Esos pensamientos y sentimientos que entretenemos más a menudo - y que por lo tanto experimentamos – se *convierten* en creencias. Nuestras creencias actúan como mecanismos creativos automáticos que se reproducen en nuestra experiencia; refrendan su imagen en una variedad de formas, pero siempre limitan nuestra realidad al status quo.

❖ El secreto de la creación es: *"Obtienes aquello en lo que más piensas, si lo deseas con bastante emoción, y si piensas que es posible."* La fórmula para lo anterior es:

PIENSALO => SIENTELO => PERMÍTELO... ¡SERÁ!

❖ Permitirlo es un ingrediente fundamental, a menudo pasado por alto. Otras formas de expresar la "sensación" de permitirlo es: creyendo, esperando, permitiendo, teniendo fe, aceptando la posibilidad de que, dejando que sea. \

❖ La emoción *es* la fuerza de vida creativa. Su fuente es del Ser Interior. Sin ella no habría creaciones. Si se suscita fuertemente convierte nuestras creaciones en manifestación.

❖ Las leyes individuales que ayudan al hombre en todas sus creaciones son: La Ley de la Atracción y la Ley del Cambio. Estas son probablemente las únicas leyes que afectan verdaderamente al hombre. Él es de otra manera ilimitado.

LA LEY DE ATRACCIÓN

Afirma: "Los iguales se atraen." "Lo que es semejante a sí mismo se atrae." "Los pájaros del mismo plumaje vuelan juntos." Esta ley le da densidad a nuestros pensamientos y sentimientos, haciendo que se manifiesten en nuestra realidad. De aquello en lo que nos concentramos o le damos nuestra atención, hacemos más.

LEY DE CAMBIO

Afirma: "Todas las cosas deben cambiar con el tiempo." También podría ser llamada la "Ley de la desintegración", ya que se rompe (con el tiempo) lo que se ha creado; deja espacio para creaciones nuevas y mejores. A lo que ya no le damos nuestra atención, ya no le damos energía – las creaciones no deseadas son abandonadas para desintegrarse de forma natural.

CREACIÓN DELIBERADA:

- ❖ Una vez que se entiende que creamos todo lo que experimentamos -- y nos hacemos responsables por ello -- es momento de entrar en una nueva relación con el mundo, como creadores conscientes. Desde esta nueva perspectiva dejamos ir los viejos conceptos de suerte, probabilidades y azar, destino, fortuna y providencia divina. En el viejo mundo estas cosas eran válidas, porque la creencia las hizo así. Pero en esta visión mayor del mundo del auto-destino, creamos exactamente lo que <u>nosotros</u> queremos, siempre siguiendo lo que nos dicta la guía interior, siempre en el camino de la verdad personal.
- ❖ Para crear conscientemente debemos reclamar todo el poder personal entregado a las influencias externas, sobre todo a la mente de las masas de nuestra cultura particular. El primer paso es cuestionar todas las creencias sociales *obvias* (generalmente disfrazados de bien) probándolas con la guía interior. Desconfíe de todas las creencias que promueven el servicio ciego a

los demás, y "causas" que te hacen sentir culpable por no actuar. Date cuenta de que nadie más que tú crea tu realidad; eso a excepción de la influencia que permitas, tu círculo de realidad personal es de otra forma inviolable.

❖ Una fórmula para la creación deliberada se puede derivar de la primera. Es más potente, porque concentra más energía. Mediante la sustitución de 'querer' por los ingredientes 'pensar' y 'sentir' en la fórmula original, tenemos la fórmula para la creación deliberada:

QUIÉRELO => PERMÍTELO... ¡SERÁ!

❖ Querer es un poderoso agente que despierta las fuerzas creativas en un rápido movimiento. Combina el pensamiento y la emoción en una forma de pensamiento enfocado.

❖ No obstante un agente aún más potente que querer- es la traducción más literal del término conciencia, es la 'intención'. Combina 'querer' y 'voluntad' en una forma mental irresistible que se manifiesta rápidamente. Ahora tenemos lo que se llama el Elixir de la manifestación:

PRETÉNDELO => PERMÍTELO... ¡SERÁ!

❖ Un acto de intención centra la atención como un rayo de luz a través de una lupa. Si está <u>claro</u> y sin oposición de la duda, no hay nada que impida que se manifieste.

❖ Una fuerte intención es lo único que bloquea la influencia dañina - ya sea exterior o interior.

PENSAMIENTO DOMINANTE:

❖ El pensamiento es el primer elemento esencial de toda la creación. No hay nada en la creación que no haya nacido primero del pensamiento. Dado que siempre estamos creando (con el pensamiento), es necesario tomar el control de nuestros pensamientos errantes -- especialmente importante para los *creadores conscientes*. Las siguientes técnicas son herramientas útiles para ayudar a disciplinar el pensamiento, mientras nos mantienen en modo de creación positiva hacia lo que queremos. Estas herramientas se llaman *giros* porque cambian la dirección del flujo de pensamiento.

1) PROSPECCIÓN

Abreviatura de pro-aspectando. Buscando el pro (o positivo) en todo aspecto encontrado. Dado que en todo, hay algo bueno y algo malo, en lo que nos enfocamos es lo que conseguimos. Ignora lo malo. Existe la creencia social que dice que es una salida fácil ignorar un problema (meter la cabeza en la arena hasta que se vaya), pero eso es exactamente lo que se debe hacer para cambiarlo, usando esta técnica. Céntrate en los aspectos agradables.

2) LA REVERSIÓN

Para ser utilizado cada vez que los pensamientos están fuera de control en una dirección negativa. La primera alerta viene de la guía interior en forma de emoción negativa. Te está diciendo, "Oye, mira lo que estás pensando --¡No creo que queramos crear esto!" Da un paso atrás y detén los pensamientos. Pregúntate: "¿Qué quiero en su lugar?" Probablemente es lo contrario de lo que has estado pensando. Identifica lo que es, y pregúntate, "¿Por qué quiero eso?" Mientras divagas en los porqués, crea imágenes más claras y sentimientos de exactamente lo que deseas. Pronto, la Ley de Atracción te impulsará en una dirección positiva.

3) RECICLANDO

- En la vida cotidiana repetimos numerosas acciones habituales, llamados ciclos eventuales; hacemos éstos de la misma manera, en casi las mismas horas, una y otra vez. Estos hábitos bloquean enormes reservas de energía y limitan nuestra espontaneidad (elección de libre albedrío). Una vez que son reconocidos, pueden ser desbloqueados y controlados. La energía liberada puede ser reciclada en nuevas opciones.
- Primero hay que identificar (ser consciente de) el ciclo y darle un nombre. Cada vez que comienzas el ciclo, pon delante la "intención" de lo que quieres en su lugar, lo que te quedaría mejor. Este acto de intención, que se repite al inicio del ciclo prepara el futuro, transformando el viejo ciclo en uno nuevo. También bloquea la influencia de los viejos hábitos y creencias obsoletas.
- Y no sólo digas las palabras (de tu intención); debes ver y sentir exactamente lo que quieres... y luego permitir.

PERMITIENDO

- Un estado verdaderamente mágico del ser. Un estado de la mente carente de emoción negativa, incomodidad o necesidad de ningún tipo. El último estado de sentirse bien del ser. Los afortunados que habitan en este lugar tienen libertad ilimitada, alegría continua, y una sensación de asombro total con el mundo. *"En todo el mundo sólo unas pocas personas están despiertos, y viven en un estado de total y constante asombro."*

❖ Al permitir a otros buscar su propia verdad - sin juicios ni prejuicios - también nos permitimos a nosotros mismos. Todo el dolor y la limitación que experimentamos en la vida es un resultado directo de no permitirnos. Todo juicio es auto-juicio porque proyectamos nuestros defectos y amarguras, con nosotros mismos, a los demás. Una persona que permite puede decir con certeza: *"Yo soy único en todo el mundo, me encanta lo que soy, y permito a todos los demás ser lo que son."*

❖ Permitir nos separa de todas las cosas negativas del mundo. Nuestra atención a nada (percibido como) negativo nos une a esa cosa como una mosca a una tela de araña. Al ignorarlo, le negamos energía, y por lo tanto le negamos el acceso a nuestra realidad. Y permitir no es lo mismo que tolerar -- tolerar algo causa una división de la atención: la mitad quiere ignorar, pero la otra mitad se siente atraída. Eso todavía nos une a ella. Para ser libres, ¡debemos permitir!

❖ La creencia en la escasez, y el recelo que inspira, bloquean una actitud de permitir. El universo es abundante y agradable, con más que suficiente para satisfacer a cada necesidad de cada persona. Sin embargo, cada individuo debe crear para sí mismo/

misma. Una vez que esto se realiza, se hace más fácil permitir.
- ❖ Permitir es un concepto simple, con grandes recompensas potenciales, pero no es fácil de dominar para la mayoría de la gente. Nuestra sociedad nos ha criado con demasiadas creencias irracionales y limitadas -- haciéndonos precavidos- - son difíciles de dejar debido a la presión del grupo y la manipulación por miedo, culpa y duda. Aquellos que rompen el molde tendrá que ser valientes.

UNA FILOSOFÍA DE SENTIRSE BIEN:

- ❖ La conclusión es, cada vez que te sientes bien estás sintiendo tu totalidad. Estas en la zona de permitir a tu Ser Interior mezclarse con el físico. Esto acelera tus vibraciones personales y da una alta notable.
- ❖ ¿Qué pasa cuando uno se siente bien;
1. Estás más cerca de Dios, y conectado con "Todo Lo Que Es"
2. Estás alineado con y en presencia del Ser Interior.
3. Estás "conectado" con la fuente de la esencia creativa.
4. Estás protegido; siempre en el lugar correcto en el momento adecuado.
5. Estás en un lugar de salud y bienestar (el santuario interior).
6. Estás creando en una dirección positiva, con un impulso positivo.
7. Tu guía es fuerte, de acuerdo con tus pensamientos.
8. Estás más cerca del verdadero espíritu de permitir.
9. Estás auto-empoderado; nada se te puede negar.
10. Disuelve el miedo, la culpa y la duda de la conciencia.

NADA ES MÁS IMPORTANTE QUE SENTIRSE BIEN

❖ Para hacer de esto una filosofía viable, lo siguiente debe hacerse cada día hasta que un patrón de nuevos hábitos surja:

1. Intenta cada día al despertar buscar e identificar aquellas cosas que te hacen sentir bien. Esto es lo mismo que buscar tu verdad personal. A partir de ahora, este es el deber más importante del día.
2. Sigue a tu guía. Se sensible a tus sentimientos y confía en ellos por encima de todo -- incluso a través de la lógica. Utiliza tus sentimientos para monitorear la tendencia de tus pensamientos, para que te avisen de inmediato cuando ellos (tus pensamientos) te desvíen.
3. Corrige a tus pensamientos. Utiliza la Reversión, prospección, y reciclaje en cada oportunidad. Estos no sólo entrenan la mente, mantienen tus creaciones en una trayectoria positiva.
4. ¡Crear lo que quieres! Utiliza la materia prima de tu búsqueda diaria (de la verdad) para crear deliberadamente tu versión única de lo que quieres. Pero siempre ten en cuenta el adagio: "Todo con moderación." No crees más de lo que puedes manejar.
5. PERMITE a todos los demás... ¡y a ti mismo!

BIBLIOGRAFÍA

Castenada, Carlos. *The Teachings of Don Juan: A Yaqui Way of Knowledge.* Washington Square Press. 1985. **ISBN:** 0671600419

Finley, Guy. *The IntimateEnemy : Winning the War Within Yourself.* Llewellyn Pubns. 1997. **ISBN:** 1567182798

Howard, Vernon. *The Mystic Path To Cosmic Power.* New Life Foundation. 1999. **ISBN:** 0911203400

Howard, Vernon. *Psycho-Pictography.* New Life Foundation. 2001. **ISBN:** 0911203524

Kieft, Kathleen V. *Innersource*, Ballantine Books. 1988. **ISBN:** 0345346513

Roberts, Jane. *The Seth Material.* New Awareness Network. 2001. **ISBN:** 0971119805

www.ingramcontent.com/pod-product-compliance
Lightning Source LLC
Chambersburg PA
CBHW071520040426
42444CB00008B/1733